海纳百川　取则行远

中国海洋大学史

图志卷

主　　编　刘邦华

副 主 编　李华昌

参编人员　左　伟　呼双双　袁　艺　曾　洁

中国海洋大学出版社

CHINA OCEAN UNIVERSITY PRESS

图书在版编目（CIP）数据

中国海洋大学史. 图志卷 / 刘邦华主编. —青岛：中国
海洋大学出版社，2024.8

ISBN 978-7-5670-3856-1

Ⅰ.①中…　Ⅱ.①刘…　Ⅲ.①中国海洋大学 – 校史
Ⅳ.①G649.285.23

中国国家版本馆CIP数据核字（2024）第097065号

ZHONGGUO HAIYANG DAXUESHI　TUZHI JUAN

中国海洋大学史　图志卷

出版发行	中国海洋大学出版社
社　　址	青岛市香港东路 23 号　　邮政编码　266071
网　　址	http://pub.ouc.edu.cn
出 版 人	刘文菁
责任编辑	王积庆　　　　　　　电　　话　0532-85902349
电子信箱	wangjiqing@ouc-press.com
印　　制	青岛海蓝印刷有限责任公司
版　　次	2024年8月第1版
印　　次	2024年8月第1次印刷
成品尺寸	185 mm × 260 mm
印　　张	26.5
字　　数	185千
印　　数	1 ~ 1400
定　　价	198.00元
订购电话	0532-82032573（传真）

发现印装质量问题，请致电 0532-88786655，由印刷厂负责调换。

《中国海洋大学史》编委会名单

（2024 年 6 月）

主　任：田　辉　张峻峰　于志刚

副主任：张　静　卢光志　魏世江　陈　鷟　蒋秋飚

委　员：（以姓氏笔画为序）

丁　林	于　利	于淑华	山广恕	王　昕	王　琪	王　震
王　毅	王卫栋	王元忠	王庆仁	王明泉	王剑敏	王哲强
王雪鹏	王滋然	文圣常	方奇志	史宏达	冉祥熙	包振民
冯士筰	冯瑞龙	权锡鉴	毕芳芳	刘　勇	刘　健	刘文菁
刘永平	刘召芳	刘贵聚	刘惠荣	闫　菊	许志昂	麦康森
李　岩	李　萍	李广雪	李华军	李建平	李春雷	李耀臻
李巍然	杨立敏	杨茂椿	杨桂朋	吴立新	吴成斌	吴强明
吴德星	邹积明	宋文红	宋志远	宋微波	张永胜	张全启
陈　戈	陈忠红	范其伟	林　洪	林旭升	罗　轶	金天宇
周珊珊	赵　昕	荆　莹	段善利	侯家龙	施正铿	秦启仁
秦尚海	顾郁翘	徐天真	徐家振	徐葆良	高　艳	高会旺
崔晓雁	董士军	董双林	董效臣	谢树森	褚东升	蔡勤禹
管长龙	管华诗	潘克厚	薛长湖	鞠红梅	魏　军	

总 序

世纪海大　谋海济国

中国海洋大学是一所具有鲜明红色基因、优良革命传统、执着蓝色梦想的国家重点建设的综合性研究型大学，是国家"世界一流大学建设高校"（A类）。民国时期，学校筚路蓝缕，于艰难之中图存图兴；新中国成立后，学校坚持把党的全面领导作为根本保证，坚持把服务国家作为最高追求，坚持把改革创新作为强大动力，坚持把特色一流作为必由之路，奋力建设特色显著的世界一流大学，在科教兴国、海洋强国建设中勇立潮头、走在前列，引领推动着我国海洋高等教育创新发展，为国家海洋事业作出了应有的历史贡献，谱写了一曲不懈奋斗、向海图强的蓝色华章。

为了铭本记源，资政育人，让大家更好地了解中国海大，也让明天的中国海大人能够立足百年基业，持续树人立新、谋海济国，我们编修了这部校史。

一、坚持把党的全面领导作为根本保证

红色基因贯通了世纪海大。新中国成立后，坚持和加强党的全面领导，始终给学校以正确的方向和强大的精神与组织力量。

1. 红色基因与生俱来

从首届学生中走出的中华人民共和国元帅罗荣桓、革命英烈彭明晶（罗荣桓的入党介绍人）、中共第一本无线电通信密码编制者张沈川等中国共产党早期优秀分子，到1932年成立的山东省最早红色学生社团"海鸥剧社"，到1937年在此成立、由在校学生李欣任书记的中共青岛特别支部，到抗战期间由中共青岛特别支部改组成立、由学生陈振麓任书记的中共青岛市委，到解放战争时期爆发的师生反对美国士兵暴行和"六二"反饥饿、反内战、反迫害运动。旧中国暗夜中，红色基因不断激发师生团结奋

进,救亡图存,追寻光明。

2.党的领导把握方向

新中国成立后,学校坚持党的领导,全面贯彻党的教育方针,把牢社会主义办学方向,坚持马克思主义指导地位,落实立德树人根本任务。靠党的领导强化制度建设,建立健全党委领导下的校长负责制、民主集中制等各项制度,确保党管办学方向、党管干部、党管人才,全面落实党的教育方针;靠党的领导擘画事业蓝图,坚持将党建与事业发展深度融合,凝聚师生智慧,始终把服务国家作为最高追求,做好战略规划;靠党的领导汇聚发展动能,坚持党的宗旨和群众路线,始终把广大师生作为坚强依靠,汇聚团结奋斗的强大合力,推进科学发展。

3.党建领航争创一流

进入新时代,学校第十一次党代会深入贯彻落实习近平新时代中国特色社会主义思想,提出实施新时代党建领航工程、新时代奋进海大工程、新时代卓越海大工程、新时代创新海大工程、新时代幸福海大工程,着力发展提速、着力改革突破、着力建设攻坚、着力防范风险,全面开创特色显著的世界一流大学建设新局面,为以中国式现代化全面推进强国建设、民族复兴伟业作出新的历史贡献。

二、坚持把服务国家作为最高追求

坚持把服务国家作为最高追求,是世纪海大始终坚守的价值取向。

1.救国之需,应时而生

1924年10月,私立青岛大学在今中国海洋大学鱼山校区创立,是国人在齐鲁大地上创立的第一所本科起点的现代高等学府。校纲办学宗旨对接《大学令》:"教授高深学术,养成硕学宏材,应国家需要。"开办当年就开设了工科和商科,次年增设铁路管理科,学科设置和培养要求与当时经济社会发展需求高度契合。齐鲁大地、黄海之滨,一所大学以现代高等教育之光和革命星火点亮了神州一隅,与19世纪末20世纪初应教育救国之需而诞生的一批中国现代大学遥相辉映,联袂担当起教育救国的责任。

2.兴国之需,与时偕行

新中国成立后,1951年学校与华东大学合并,定名为山东大学,实施

"文史见长，加强理科，发展生物，开拓海洋"的办学方针，既保持了一定的综合实力，也孕育了鲜明的特色优势。以"中国克隆之父"童第周为代表的一大批理工科名家巨匠带动学校理科水平处于国内前列；1951年《文史哲》创刊，学校呈现人文兴盛之势。1952年全国高校进行院系调整，厦门大学海洋系理化组部分师生北迁青岛，与学校海洋物理研究所一起组建成立了海洋系；1953年9月，河北水产专科学校部分师生和仪器并入学校水产系，水产学科力量进一步增强，成为学校重点发展系科，为最终发展成为一所综合性海洋大学夯实了基础。

1958年秋，遵山东省委指令，山东大学大部迁至济南，时称山东大学（济南）。海洋系、水产系、地质系以及生物系的海洋生物专业、物理系和化学系的部分教研室及直属教研室部分人员留在青岛，时称山东大学（青岛）。1959年3月，经中共中央批准，以山东大学（青岛）为基础成立了山东海洋学院，中国第一所海洋高等学府由此诞生。

3. 强国之需，谋海济国

学校不断应国家经济社会发展，特别是海洋事业和高等教育发展之需，强化特色，加快发展，成为海洋强国建设的中流砥柱。学校师生作为主力参与新中国首次大规模海洋综合调查，制定我国海洋调查规范，摸清我国近海资源家底；赫崇本教授牵头联合海洋界同仁倡建国家海洋局，完善国家海洋治理体系；文圣常院士提出"普遍风浪谱"理论（文氏风浪谱），新型海浪计算方法被纳入我国《海港水文规范》，结束了我国建港规范长期依赖国外海浪谱的历史；管华诗院士及其团队研制上市我国第一个现代海洋药物藻酸双酯钠（PSS），获得了我国海洋和水产领域迄今为止唯一的国家技术发明一等奖，开辟了我国海洋药物研究新领域；海大人引领和推动了藻、虾、贝、鱼、海珍品海水养殖业的"五次浪潮"，为推进深远海立体养殖新领域、推动我国成为世界第一水产大国、推进国家海洋经济繁荣，作出了不可替代的贡献；自20世纪80年代初期中国极地科学考察起步开始，中国海大人作为主力积极参与，为我国成为南北极科考大国作出了积极贡献；进入新时代，学校先后提出"透明海洋""蓝色药库""蓝色粮仓"等重大科技计划，成为我国海洋领域重大科技项目的重要发起和承担单位，为我国挺进深蓝，引领国际海洋科技进步展开了新的时代画卷。

建校百年来,学校先后为国家培养了36万余栋梁之材。他们遍及神州,远及海外,成为各行各业特别是我国海洋、水产行业的骨干和中坚。其中16人成长为中国科学院或中国工程院院士、4人先后担任国家海洋局局长,我国海洋领域、水产领域1/3以上的博士从这里毕业。"神舟"飞天、"嫦娥"奔月、"蛟龙"探海、极地科考、巡洋护航、守礁戍边、观风测云、海浪预报、架桥通隧、乡村振兴、探究"透明海洋"、建设"蓝色粮仓"……无不有中国海大人的身影。

三、坚持把改革创新作为强大动力

坚持把改革创新作为强大动力,是世纪海大不断前进的制胜法宝。

1.不断推进立德树人

学校始终遵循党的教育方针,以培养德智体美劳全面发展、具有民族精神和社会责任感、具有国际视野和合作竞争意识、具有科学精神和人文素养、具有创新意识和实践能力的高素质创新型人才为目标,以造就国家海洋事业的领军人才和骨干力量为特殊使命,形成了"五育并举"的人才培养格局。德育方面,坚持以立德树人为根本,以社会主义核心价值观为指导,突出"海味"特色,充分发挥课堂主渠道、社会实践和校园文化等的综合育人功能,构建思政工作体系。长期坚持学生思政工作考核评估,实施"时代新人铸魂工程"和"海之子成长计划",深化"三全育人"综合改革,培育学生对党忠实、为人诚实、学识扎实、干事踏实、作风朴实、进取求实的"六实"特质,教育引导学生厚植家国情怀、矢志谋海济国。智育方面,学校提出"通识为体,专业为用"的本科教育理念,建立"有限条件下的自主选课制"和"学业与毕业专业识别确认制"为核心的本科教育运行体系,帮助学生形成通专结合的知识构架和自我培养、自主学习的能力,促进学生适应经济社会的快速发展。学校实施以"3+1+1+4"本硕博贯通培养为核心的研究生教育综合改革,实现了博士生思政课实践教学的全覆盖,构建了以一级学科硕博贯通培养方案为统领、以高水平科学研究为支撑、以提升科研创新和实践创新能力为重点的研究生分类培养体系,打造以培养海洋特色拔尖创新人才为导向的人才培养的海大模式。体育、美育、劳育方面,学校均出台了专门的工作方案,着力提升学生的综合素质,赢得了学习在海大、创新在海大、成才在海大的美誉。

2. 不断完善治理体系

新中国成立初期，党的坚强领导和以华岗校长的政治大课为代表的马克思主义教育，较好地促进了红与专的统一，学校很快步入社会主义大学正轨。改革开放之后，学校以改革为动力，以发展为目的，以稳定为前提，很好地处理了三者之间的关系，确保学校行稳致远。世纪之交，学校坚持"重特色、求质量，先做强、再做大"的发展策略，稳慎扩展办学规模，率先举起高水平特色大学旗帜，较好地处理了内涵与外延的关系。学校始终重视教学，通过质量保障机制、职称评审制度、改革分配制度等多方面引导促进教学工作，积极推动科研与教学相结合，让科研最新成果进课堂，较好地处理了教学与科研的关系，促进了研究型大学的建设。在世纪之交中国高等教育大改革、大发展的背景下，学校科学研判国家经济社会发展战略需求和自身特点，提出并实施"强化发展特色、协调发展综合，以特色带动综合、以综合强化特色"的学科发展思路，科学处理了特色与综合的辩证关系。积极推进以《中国海洋大学章程》为代表的管理制度体系建设，探索以分配制度改革为核心的人事制度改革，探索适应时代要求的教育教学改革、破除"五唯"的教育评价改革、科研体制改革，探索大部制改革、校院两级管理体制改革，因地制宜地推进综合改革、优化多校区运行管理机制，不断完善中国特色的现代大学制度。

3. 不断弘扬崇尚学术

创校之始，《私立青岛大学暂行大纲》开宗明义，教授高深学术。此后，国立青岛大学筹委会确定学校的定位与目标时强调"大学是造成最高学术的机构"。1963年9月，山东海洋学院成立学术委员会并制定了工作条例。新世纪，学校明确提出了"崇尚学术，谋海济国"的价值追求，"治学严谨、执教严明、要求严格"的教风，"求是、求博、求精、求新"的学风。学校的"大先生"们以崇高的境界、丰厚的学识、执着的精神，引领着一代代海大人孜孜以求。弘扬崇尚学术的治学执教之道，成就严谨而又活泼的学术风气，日久而弥坚。

4. 不断拓展开放合作

学校始终与青岛市、山东省和国家海洋局系统密切合作。特别是世纪之交，学校积极推进办学体制改革，在全国高校中率先开启省部共建，开启教育部、山东省人民政府、国家海洋局和青岛市人民政府四家共建。新世纪，学校积极开展行业合作，牵头集成青岛海洋科教力量建设青岛海洋科学与技术试点国家实验室（现崂山实验室），推进学校与实验室融合发展。积极开展校地合作，与海南、云南、黑龙江、广西等省（自治区）和山东沿海各市签署合作协议，在海南三亚、广东深圳等地共建海洋研究院。积极开展校企合作，与华为、海尔、海信、山东港口集团、58同城等大型企业签署战略合作协议，开展深度科研和人才培养合作。实施国际化战略，发起成立国际涉海大学联盟、中国－挪威海洋大学联盟，开展中美、中澳、中英、中德、中法等务实合作，与来自50多个国家和地区的300余个合作伙伴共建全球海洋科教合作协同创新平台与网络，积极助力国家对外开放战略实施和"一带一路"及海洋命运共同体建设。

四、坚持把特色一流作为必由之路

坚持把特色一流作为必由之路，是世纪海大追求卓越的战略选择。

1. 建成综合性海洋学科体系

学校的海洋学科体系，以海洋为线索，贯通了理、工、农、医、文、经、管、法、历史、教育等学科，涵盖了物理海洋、海洋化学、海洋地质、海洋生物、水产、海洋食品、海洋医药、海洋工程、海洋技术、海洋环境、海洋管理、海洋法学、海洋经济、海洋文化等方面，对复合型海洋人才培养和大跨度重大海洋科研与社会服务，都能提供强力支撑。

2. 打造高水平人才队伍

学校目前有全职两院院士8人，国家杰青等国家级人才164人，泰山学者等省部级人才446人，学校"筑峰""繁荣""名师""英才"等高层次人才和优秀青年人才436人。正是这一大批涉海高层次人才的强力支撑，学校海洋、水产两个学科在国家历次学科评估中始终位列第一，迈进世界一流学科前列，若干研究方向处于世界领跑地位。

3. 建成高层次人才培养体系

学校以培养国家海洋事业的领军人才和骨干力量为特殊使命，建成了覆盖我国所有涉海本科专业、硕博士点和博士后流动站，发挥海洋科技优势，加强科教融汇、产教融合，系统性、整体性、协调性地建设有组织人才培养的海洋人才培养体系。有涉海本科专业24个，国家基础学科拔尖学生培养计划2.0基地2个，国家基础科学研究和教学人才培养基地2个，国家生命科学与技术人才培养基地1个，国家级人才培养模式创新试验区2个，国家级特色专业12个，国家级一流专业38个。制定了海洋科学类专业教学质量国家标准（2016）、海洋科学类专业实践教学标准（2017），成为50多所高校近百个海洋科学类专业办学的重要依据。

4. 建成一系列高水平科技平台和新型研发机构

学校建立起自近岸、近海至深远海的海洋调查船队平台。其中5000吨级"东方红3"是世界上同类科考船中最先进、科考功能最完备的静音科考船。构建了国际上规模最大的区域海洋观测系统——"南海–西太潜标观测网"、全球首个西北太平洋黑潮延伸体定点观测系统和马里亚纳海沟万米深渊综合观测阵列。建有青岛海洋生物医药研究院、三亚海洋研究院和深圳研究院等高水平新型研发机构。

5. 建成服务海洋强国建设的高端"蓝色智库"

学校充分发挥海洋综合学科优势，成立海洋发展研究院，中国海洋发展研究中心落户学校，积极服务海洋强国和"一带一路"建设，为我国制定海洋战略、立法、规划、标准及参与全球治理提供全方位智力支持。

2022年4月10日，习近平总书记在视察学校三亚海洋研究院时强调："建设海洋强国是实现中华民族伟大复兴的重大战略任务。"党的二十大报告强调要加快建设教育强国、科技强国、人才强国、文化强国和海洋强国。习近平总书记的重要讲话和党的二十大赋予海洋强国建设新的更高的历史地位，赋予科教事业新的更重的时代责任，赋予中国海大新的更大的光荣使命。站在历史新起点，面向百年新跨越，学校正面临着前所未有的发展期待、前所未有的发展机遇和前所未有的发展挑战。我们必须深入学习贯彻习近平新时代中国特色社会主义思想，勇担使命，踔厉奋发，以前所未有的责任担当精神、干事创业精神、改革创新精神、勇于斗争精神和自我革命精神，着力打造人才培养的海大模式、科学研究的海大学派、服务社会的海大经验、文化传承的海大精神、开放合作的海大格局，奋力谱写高质量发展新篇章，确保实现到2030年建成世界一流的综合性海洋大学、到本世纪中叶建成特色显著的世界一流大学的"两步走"战略，为强国建设和民族复兴伟业作出中国海大新的历史贡献。

世纪海大，谋海济国。

世纪海大，再创辉煌。

田辉　张峻峰　（签名）

2024年6月

前　言

2024 年 10 月，中国海洋大学将迎来百年华诞。

近百年来，中国海洋大学与中华民族兴衰相伴，与祖国命运休戚相关。民国时期，艰难图存，尽其在我；新中国成立后，图兴图强，谋海济国。其间，从海大园走出了众多各行各业的栋梁之材和国家海洋事业的领军人才和骨干力量，奉献了一批一流的学术成果，建立起较为完备的治校理学体系，形成了独特的精神文化，在中华民族追求复兴、建设海洋强国的伟大征程上留下了深刻的印迹，也为研究中国现代高等教育史提供了一个有着鲜明特征的典型案例。

为了总结学校百年办学经验，弘扬优良办学传统，鉴往知来，启迪后人，学校于2018 年正式启动《中国海洋大学史》编撰工作。全书共六卷，本书为《图志卷》。

图志是中国史志文化中重要的一类。随着现代摄影技术的发展，图志无论内容还是形式都有了全新呈现，成为各行业广泛采用的著述方式。《图志卷》旨在以图识人、以图知事、以图明史。同时，图与注文相佐，共同构建起学校历史的多维时空，让百年之际的回望更加直观而灵动：新中国开国元勋驻足的樱花，学界泰斗留痕的石径，良师大德沉思的轩窗，师生勤奋教学的讲堂……既成一瞬，亦为永恒！既彰先贤执着兴学、育人不辍之精神，又启后人踔事增华、攀登不已之勇毅。

本卷编撰工作于 2018 年启动，本着专业、精干原则组成编写组。编写组以《历史卷》大纲为蓝本，拟定了编写纲目；以多种方式广泛收集史料，建成总量超 20000 张图片的数据库；编纂中遵循唯物史观，以时代性、典型性和鲜活性为原则，对海量图片进行梳理、考证，遴选出约 1000 张入卷。全书采用编年体体例，以学校历史分期为经，以大学基本功能为纬，突出重点，精心编排，较为全面地展现了学校百年发展脉络以及各时期重要事件的概貌。

百年学府，巍巍而立；历史悠久，底蕴深厚。在编撰过程中，一张张图片引导我们进入学校历史深处，一个瞬间、一个场景、一件事情和几张面孔，由陌生渐至熟悉，共同描绘出学校发展中或精微或宏阔的景象，其中展现出的爱国兴教情怀、图兴图强之志、谋海济国之心，时常让我们怦然心动、感佩不已，也是我们精益求精，做好编撰工作的动力。

《图志卷》书稿草成后，在校史编委会的指导下，经"三上三下"广泛征求意见，不断对文稿进行修改、打磨，基本达到了史料丰富、内容准确、编排新颖的目标，交出了一册质量较高、易读易用的志书。

谨以此书致敬中国海洋大学建校 100 周年！

目 录 | CONTENTS

第一篇

初创　图存

第一章
私立青岛大学时期

19 世纪末 20 世纪初，在西方列强的侵略、欺凌之下，在西方现代科学技术与文化思想的冲击和影响之下，作为中华民族觉醒、自救和自强的标志性新生事物——一批现代意义的大学应运而生，私立青岛大学位列其中。

私立青岛大学是中国海洋大学的源头，创立于 1924 年 8 月。学校名为"私立"，实则官民合办。首任校长是曾任北洋政府交通总长兼教育总长、时任胶澳商埠督办的高恩洪。校址为德国侵占青岛时期所建俾斯麦兵营，占地 300 余亩，有十余栋建筑。

学校规制仿照西方现代大学，实行董事会制，聘任学界名流梁启超、蔡元培、张伯苓、黄炎培等为名誉董事。筹备之初计划开设文、农、工、商四科，限于条件，首设工科与商科。首届招生 80 人，其中就有罗荣桓等具有先进思想的青年，还有留学生数人。罗荣桓等人的革命活动，为学校注入了红色基因。

1924 年 10 月 25 日，私立青岛大学举行开学典礼，并定该日为成立纪念日。中国海洋大学的校庆日即源于此。

开学公布的《私立青岛大学暂行大纲》开宗明义，将"教授高深学术，养成硕学宏材，应国家需要"确立为办学宗旨。囿于经费、政局困扰，私立青岛大学管理层秉持昌明教育、作育人才初心，在困境中艰难图存。

私立青岛大学是国土重光后，国人在齐鲁大地上创办的第一所以本科教育为起点的现代大学。

1929 年 6 月，国民政府指令在青岛设立国立青岛大学，接收原私立青岛大学、省立山东大学校舍校产，校址为私立青岛大学。

学校初创 校舍一流

1924年，胶澳商埠督办高恩洪听取青岛士绅的建议，着手创办大学，由高恩洪、邵筠农、宋传典、傅炳昭、张德纯、刘子山、孙广钦等11人组成校董会，筹备办校事宜。图为校董会会议。

高恩洪
1924 年 8 月至 1924 年 11 月
任校长

宋传典
1924 年 11 月至 1928 年 5 月
任校长

李贻燕
教务主任

孙广钦
校务主任

刘子山
私立青岛大学筹
办捐资人之一

1924 年 10 月 25 日，私立青岛大学举行开学典礼，并定该日为成立纪念日，中国海洋大学校庆日即源于此。图为开学典礼后师生、来宾合影。

1924 年印制的《私立青岛大学概况》中登载的学校沿革、弁言及督办训词

私立青島大學暫行大綱

第一章　宗旨

第一條　本大學以教授高深學術養成碩學宏材應國家需要為宗旨

第二章　分科

第二條　本大學分為文科理科法科商科工科醫科農林科七科

第三章　入學資格

第三條　本大學本科學生入學資格須在高級中學校畢業或經試驗有同等學力者

第四章　修業年限

第四條　本大學本科之修業年限定為四年

第五章　學位

第五條　本大學本科學生修業期滿試驗及格授以某科學士學位

第六條　中外碩學宿儒及有專門著作者經本大學教務會議提出審查合格得校長之認可由本大學給予相當名譽學位

第六章　組織

第七條　本大學設校長一人總轄全校校務

第八條　本大學設校務主任一人商承校長管理全校校務

第九條　本大學設教務處主任一人人事務處主任一人教員者干人教務員事務員會計員圖書員金務員校醫書記等若干人分掌各部事務

第十條　本大學設訓育委員會體育委員會編輯委員會圖書委員會儀器委員會及各種臨時委員會各委員會均由校長聘任之

第七章　校董

第十一條　本大學校董暫由倡辦人及校長聘請之籌畫本大學經費保管基金審查預算及決預

第十二條　對本大學有殊勳者得由本大學聘為名譽校董

第八章　會議

第十三條　本大學校董會分為定期及臨時二種定期會議於每年二月及七月舉行臨時會議由校長臨時招集

第十四條　本大學行政會議分為校務會議教務會議事務會議及各委員會會議

第九章　附則

第十五條　本大學之詳章細則另定之

9

1924年颁行的《私立青岛大学暂行大纲》，明确"本大学以教授高深学术，养成硕学宏材，应国家需要为宗旨"。

20 世纪早期的俾斯麦兵营局部。1922 年 12 月中国收回青岛主权后，北洋陆军一部驻扎于此，称为青岛兵营。

私立青岛大学校门，位于今大学路上，图中建筑为今鱼山校区海洋馆。

私立青岛大学校园全景。1924 年 9 月，私立青岛大学奉督办公署第 3239 号指令准予备案。
9 月 15 日，北京政府第 870 号公函准将青岛兵营"拨给本校永作校址"。

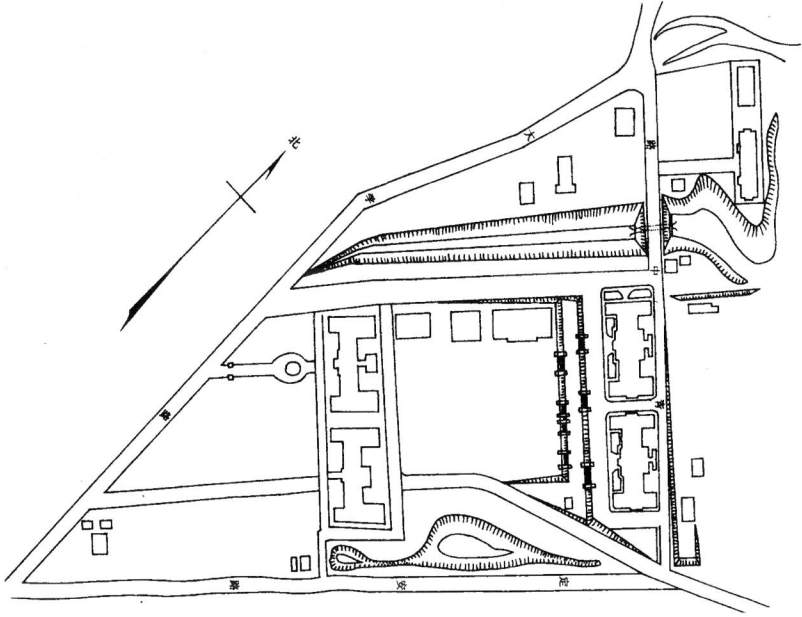

私立青岛大学平面示意图

办公楼（今鱼山校区海洋馆）

图书馆（今鱼山校区"铭史楼"）

礼堂及饭厅（20 世纪 80 年代拆除）

学生宿舍（今鱼山校区水产馆）

运动场

工商立基 适应需要

校董会与师生合影。

商科学生一览表

工科学生一览表

私立青岛大学首届录取工、商两科学生各 40 名，学制四年。其中包括罗荣桓、彭明晶、张沈川等具有先进思想的青年。

部分课程表

学生在校园内开展测量练习。

《青大旬刊》社成立合影

《青大旬刊》书影

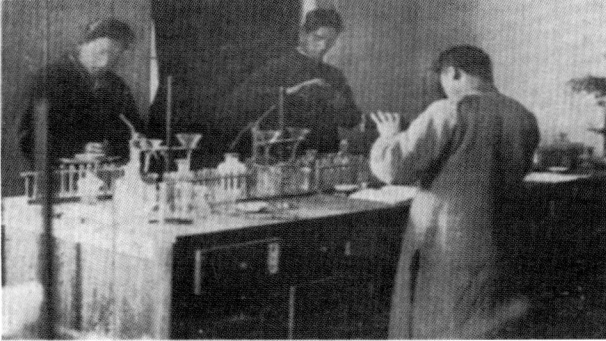

化学实验室

水力实验室

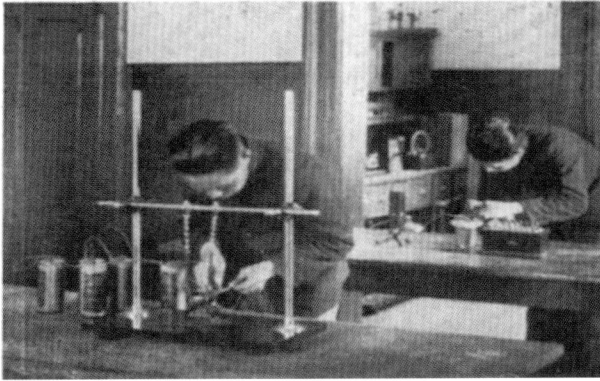

物理实验室

打字机室

师资优良 学生上进

私立青島大學職教員一覽

姓名	別號	籍貫	職務	履歷
高恩洪	定庵	蓬萊	校長	教育總長 交通總長 歷澳商埠督辦
孫貽燕	子敬	益都	校務主任	山東省立第八中學校校長
李賜民	冀閩	候	教務處主任	北立青島女子高等師範學校教務長
姜澤燕		漢口	事務處主任	震澳留日事務員公事事務股股長
陳厥寶	善之	海澄	教務員	體育指導事主任
宋都銘	登都		會計員	濟南基督教青年會幹事
趙森如		益都	事務員	山東高等工業專門學校教員
梁國棟	成中	潍含	路員	公立山東工業專門學校教員
嚴宏淮	仲熒		山工科教員	爪哇泗水中華學校及國立暨南學校英語教員
溫萬慶	仰秋	南昌	英文教員	美國耶魯大學經濟科學士 美國康乃爾大學工科碩士
程瓊			國文教員	國立北京女子師範大學教授
隋星源	曙西	廣陵	國文教員	公立山東法政專門學校教員
藤美麗			英語會話教員	美國阿海岡奈大學學士
胡陳麗娟		杭縣	音樂教員	美國阿克潘恩大學學士
高崇德	宗山		地質礦物教員	北京大學畢業
李萱棠	蓬華	新會	化學教員	美國西北大學商學士 文碩士
陳煥祺	奐其		銀洋貨幣教員	美國哈佛大學商學士
劉乃宇	宜風	閩清	商通西地教員	廈門大學教授
閔星燮		九江	歷史教員	留日東京帝國大學經濟學士
潘大逵	達九	開縣	體育教員	留美高地陸軍大學教員及軍官
黃文駿		蕉嶺	體育指導員	清華學校畢業
孫振奎	星元	鄲縣	武術教員	第五師技術院畢業 曾充蓮輪隊隊長

私立青岛大学选聘教师注重年富力强且有真才实学，图为教职员名录（部分）。

张含英（1900—2002）
水利专家，中国近代水利事业开拓者之一。私立青岛大学工科教师。

凌道扬（1888—1993）
林学家、农学家、教育家，中国近代林业开拓者和奠基人之一。私立青岛大学逻辑学课教师。

凌达扬（1894—1986）
著名学者。私立青岛大学英语教师。

罗荣桓（1902—1963)
无产阶级革命家、军事家。1924年考入私立青岛大学工科预科。在校期间，罗荣桓、张沈川、彭明晶等组织成立学生自治会，秘密开展革命活动，为学校注入了红色基因。

张沈川（1900—1991)
曾任青岛学生联合会主席。在校期间与罗荣桓等组织"青岛惨案后援会"，声援反日斗争。

彭明晶（1899—1927）
在校期间任学生自治会和青岛学生联合会负责人，组织学生参加由"青岛惨案后援会"发起的罢课斗争。

师生参加校园劳动后合影。

女生做早操。

学生篮球队在青岛国际篮球锦标赛
夺冠后留影。

师生在雨中参加第一届春季运动会。

学生参加青岛运动会 1500 米项目。

第二章
国立青岛大学时期

1929 年 6 月，国民政府基于私立青岛大学校舍校产等优渥条件，批准成立国立青岛大学。这标志着山东省高等教育布局发生重大变化，实现由西向东的历史性转移，推动青岛成为事实上的全国文化中心之一迈出坚实步伐。

学校名为国立，实则依靠山东省财政支持。杨振声校长撙节行政费用，着力添置图书、设备，开工建造科学馆。"打地基，按础石""于风雨飘摇之中，定百年树人之计"，开创之功不可磨灭。

杨振声秉持教育兴国、学术本位理念，系科设置既因地制宜又富远见，倡设海边生物学、海洋学、气象学等，并视之为理学院树立之道。施行民主管理与"纪律化"相结合的治校模式，设立"权在校长之上"的校务会议作为学校的最高权力机构。延聘师资注重才学和名望，教员水平可与国内一流大学比肩。设立学术讲坛，名家纷至沓来，学校遂成学术高地，初步形成兴盛之势。坚持从严治校，为养成良好学风校风奠定基石。

1931 年九一八事变后，学生组成请愿团赴南京请愿，要求蒋介石政府出兵抗日，正义之举堪当褒扬。返校后又掀起反对"学分淘汰制"风潮并攻讦师长，加之校方不善经权，处置失当，终致学校被"整理"。结果是学校易名，校长辞职，师资流失，近三分之一学生失去学籍，学校中共地下党支部停止活动。

筹备成立国立青岛大学

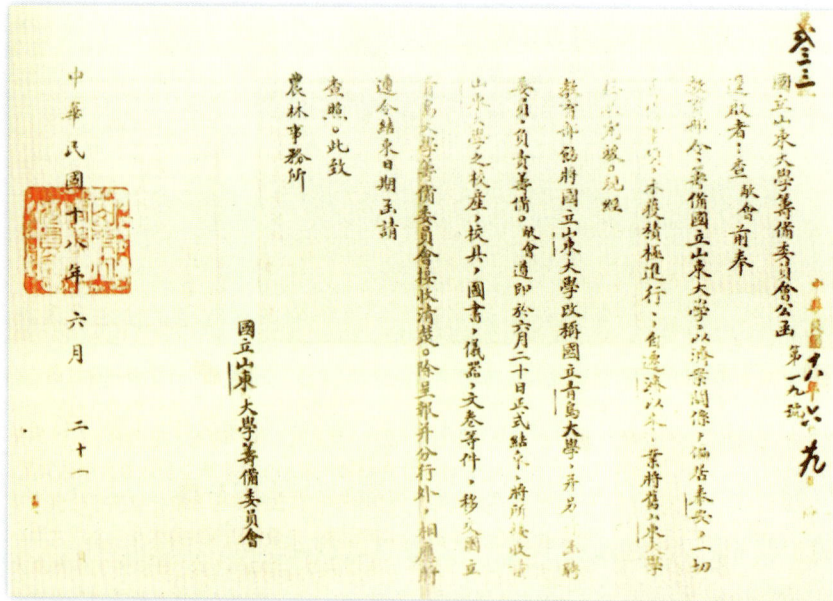

1928 年 8 月，国立山东大学筹备委员会成立，1929 年 6 月改为国立青岛大学筹备委员会，接收私立青岛大学和省立山东大学校产，在私立青岛大学校址筹备成立国立青岛大学。

国立青岛大学筹备委员会合影。

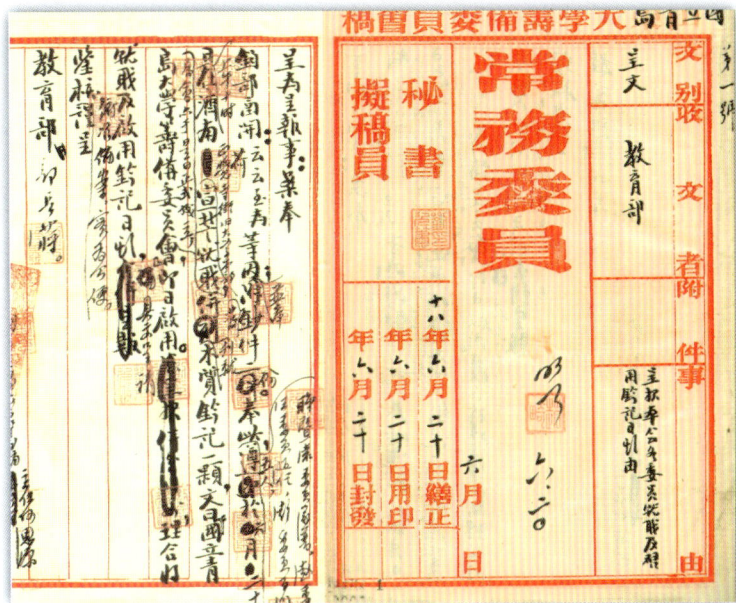

1929年6月20日，国立青岛大学筹委会在济南召开第一次会议，
讨论办学经费、系科设置、行政机构等事项。图为筹委会呈文。

1929年7月，国立青岛大学筹委会第二次会议商定学校系科设置、经费筹措、招生工作等事项。图为中央研究院院长蔡元培（左）与南京国民政府教育部部长蒋梦麟在会议期间合影。

国立青岛大学筹委会接收私立青岛大学校舍、校产的公函。

国立青岛大学校门

杨振声
1930 年 4 月至 1932 年 9 月
任校长

广聘名师 教学勤奋

国立青岛大学先后聘闻一多、黄际遇、汤腾汉、曾省、梁实秋、赵太侔、沈从文等到校任教。图为 1931 年教职员名录（部分）。

1931 年 5 月，《国立青岛大学周刊》刊载校长杨振声的报告，对国立青岛大学成立以来的发展及治校方略进行阐述。

闻一多（1899—1946）
诗人、学者。1930年任国立青岛大学文学院院长兼中文系主任。

梁实秋（1903—1987）
散文家、学者、文学批评家、翻译家。1930年，任国立青岛大学外文系主任。1931年兼任图书馆馆长。

黄际遇（1885—1945）
数学家、教育家。1930年任国立青岛大学理学院院长兼数学系主任。

曾　省（1899—1968）
农业昆虫学家。1930年至1932年任国立青岛大学生物学系主任，后兼任农学院院长。

汤腾汉（1900—1988）
药物化学家。1930年任国立青岛大学化学系教授、系主任。

沈从文（1902—1988）
作家。1931年至1933年在国立青岛大学任教。

宋君复（1897—1977）
体育教育家。任教国立青岛大学期间，宋君复作为中国体育代表团教练，率刘长春参加第十届奥运会。图为宋君复（右）与刘长春出征奥运会前合影。

臧克家（1905—2004）
诗人。1930年8月考入国立青岛大学文学院。图为臧克家学生注册表。

学生在定安山（今八关山）上测量地形。

学生在工厂实习。

创设海边生物学

1931 年 5 月，校长杨振声谈到办学特色时说："青岛附近海边生物之种类，繁盛不亚于厦门……若能利用此便，创设海边生物学……则青大将为海边生物学研究之中心矣。再者，理学院中，如海洋学、气象学……皆可渐次设立，此理学院自求树立之道也。"学校涉海学科开始萌芽。图为 1932 年 1 月生物学系师生在小青岛采集海洋生物标本。

张玺（1897—1967）
海洋生物学家，1932 年初受聘到校开设海洋学课程。

生物学系学生在实验室。

生物学系标本室

办学条件改善

国立青岛大学校舍

国立青岛大学图书馆接收私立青岛大学和省立山东大学藏书，同时增购图书，藏书量增至近 4 万册。

图书馆内景

国立青岛大学撙节行政开支，购置仪器设备，改善教学条件。图为 1931 年设立的普通化学实验室。

1931 年新设研究室

药品室

附设工厂（济南）

附设农事试验场（济南）

心系国运 勇于斗争

1931 年九一八事变后，学校进步师生积极开展抗日救国各项活动。9 月 30 日，中共国立青岛大学支部成立，由外文系学生王弢（王林，右二）任支部书记。

1931 年 10 月，学校反日救国会成立并通电全国，要求国民政府停止内战，声援东北抗日义勇军。图为《国立青岛大学周刊》上成立反日救国会的消息。

1931 年 11 月，中共国立青岛大学支部发起成立赴南京请愿团，揭开山东学生抗日救国运动的序幕。图为请愿团从学校启程赴南京请愿。

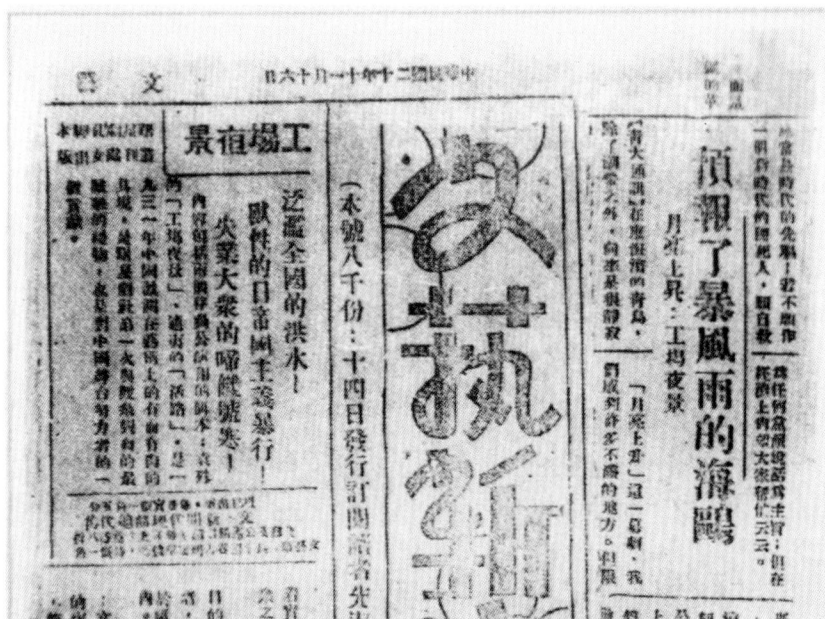

1932 年，海鸥剧社成立。图为剧社首次公演媒体报道。

第二篇

赓续 勃发

第三章
国立山东大学时期

1932 年 7 月，国立青岛大学因学潮而被国民政府"整理"。9 月，学校易名为国立山东大学，赵太侔出任校长。

赵太侔沿袭前任校长杨振声的办学理念、规章制度和发展愿景，广聘著名学者任教，师资力量"和全国的知名大学相比，毫无逊色"。注重基础建设和办学条件改善，严格教学管理，鼓励科学研究，培养出了一批学有专长的人才，成就校史上的第一个兴盛期。

1936 年 2 月，国立山大学生因反对蒋介石政府对日不抵抗政策，宣传抗日救国而受到青岛市警察局拘捕，赵太侔因处置失当而引咎辞职。国民政府教育部任命林济青为代理校长，勉暂维持。1937 年 7 月，全民族抗日战争爆发，国立山大仓促南迁，损失严重，被国民政府教育部责令暂时停办。

1946 年春，国立山大在青岛复校，赵太侔再任校长。他坚持一贯的办学理念和务实作风，系科设置拓展至五院 14 系，创办水产学系、海洋研究所、水产研究所，使学校成为一所名副其实的综合大学。他鼎力支持水产学系学生借读复旦大学，使学校的水产学科得以赓续。

更名与复校

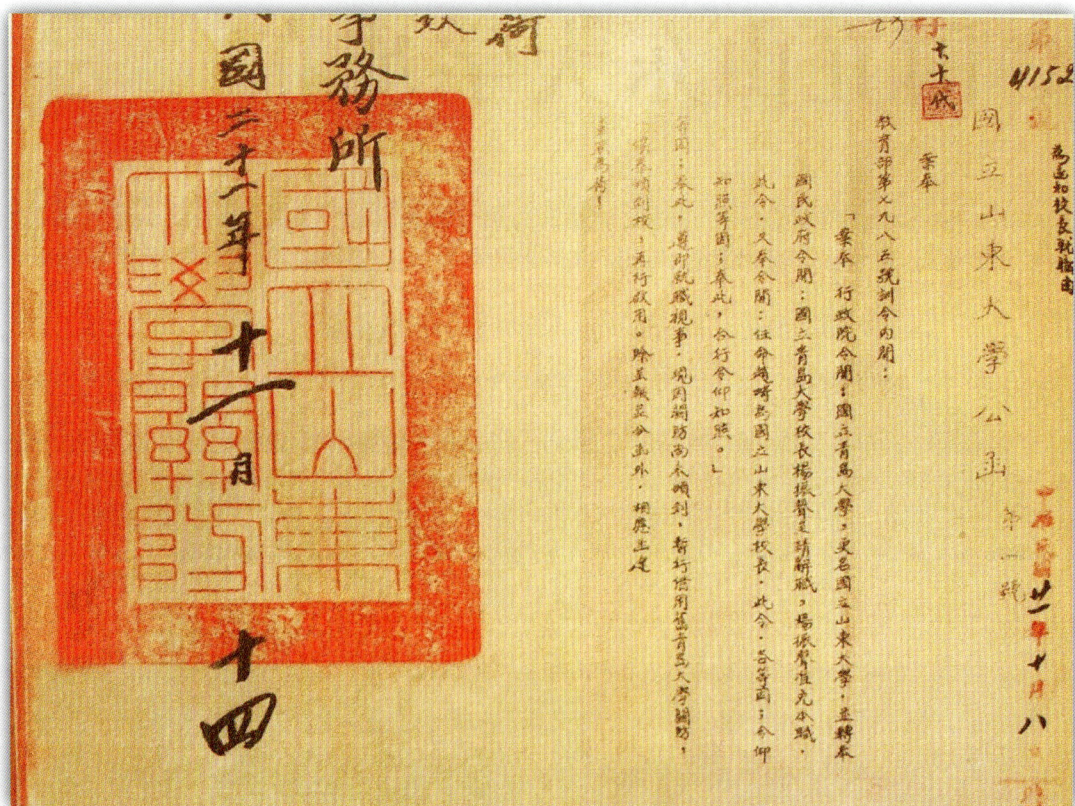

1932 年 9 月，国立青岛大学更名为国立山东大学，图为更名公文。

赵太侔
1932 年 9 月至 1936 年 6 月
1946 年 2 月至 1949 年 8 月
任校长

林济青
1936 年 6 月至 1938 年 2 月
任代理校长

国立山东大学校门

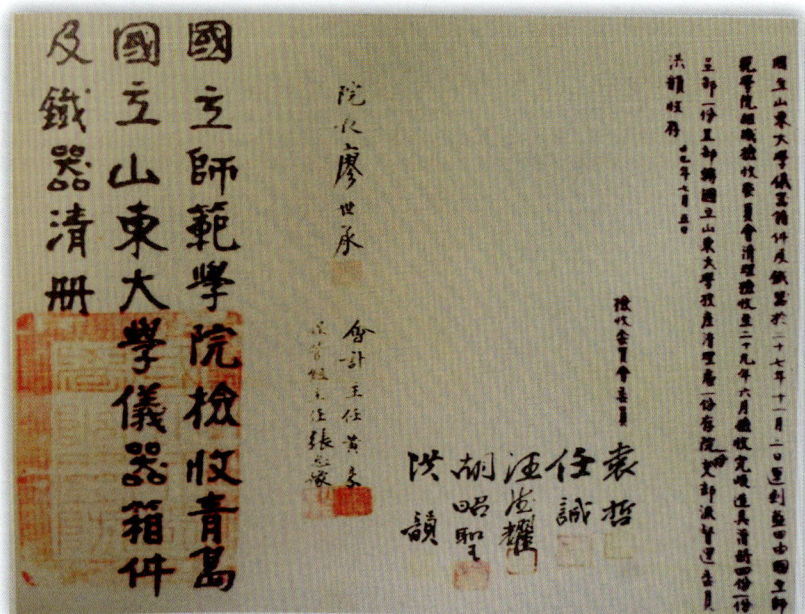

1937 年 7 月全民族抗战爆发后，学校人员、物资陆续南迁。1938 年
2 月，国立山东大学停办，学生转入其他大学，图书、仪器、设备等
校产移交。图为校产移交文件。

学校南迁后转入国立中央大学的生物学系师生合影

1946 年 2 月，国民政府教育部任命赵太侔为校长，负责复校事宜。图为复校计划书。

复校委员会主任周钟岐

1946 年 10 月，国立山东大学复校物资运抵青岛。图为学校就物资提取事宜致青岛市政府的函件。

1946 年 12 月，《国立山东大学校刊》出版的复校纪念专号。

学科增设 师资齐整

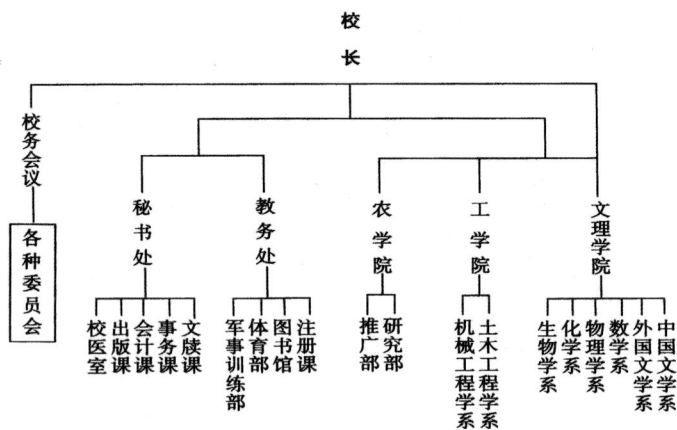

1932 年 9 月国立山东大学组织系统表

中文系先后聘有教授、副教授 15 人，讲师 8 人，助教 3 人。
图为中文系教师合影。

物理学系先后聘有教授、副教授 10 人，讲师 3 人，助教 11 人。
图为物理学系教师合影。

1934 年，核物理学家、中国核科学的奠基人和开拓者之一
王淦昌受聘国立山东大学物理学系教授。图为王淦昌（左二）
等在校园。

化学系有教授 6 人，副教授、讲师 5 人，助教 12 人。
图为化学系教师合影。

生物学系有教授、副教授 9 人，讲师 6 人，助教 7 人。图
为生物学系教师合影。

工学院下设机械工程学系和土木工程学系。机械工程学系有教授 7 人，讲师 3 人，助教 7 人，兼职教授、讲师 3 人。

土木工程学系有教授 9 人，讲师 5 人，助教 6 人，兼职教授、讲师 5 人。图为土木工程学系教师合影。

1946 年，何作霖筹建地质矿物学系并任系主任。图为地矿系师生参加矿产普查时合影，后排左三为何作霖。

1947 年数学系教师合影。

1948 年，植物学系全体教师合影，后排左二为曾呈奎。

1950 年动物学系师生合影，三排左五为童第周。

发展涉海学科

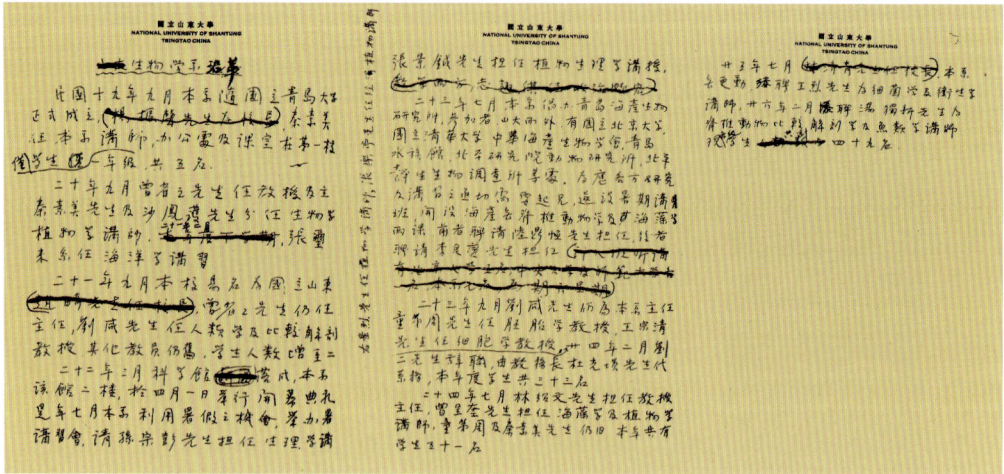

生物学系沿革材料

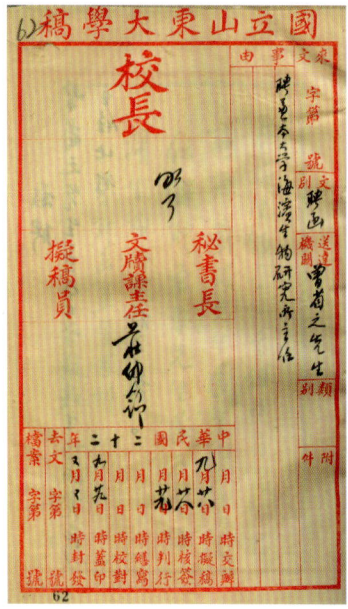

1933 年，生物学系筹建海滨生物研究所，聘曾省为主任。

1934 年，生物学家秉志（中）与国立山东大学生物学系主任曾省（右二）、讲师秦素美（左二）等在海滨生物研究所门前合影。

1935 年 6 月，曾呈奎受聘生物学系讲师，讲授海藻学与植物学课程。
图为曾呈奎（左一）带领学生在海滨实习。

1935 至 1936 年，张玺组织首次胶州湾海产生物系统调查，生物学系部
分师生参加。图为部分调查人员合影。

学生做藻类学实验。

生物学系标本室

生物学系师生研究课题

1936 年学生在动物学实验室。

创设水产学系

试区	人数	中文系	外文系	数学系	物理系	化学系	动物系	植物系	地矿系	机械系	电机系	土木系	农艺系	园艺系	水产系	医学院	共计	百分比
青岛	报考人数	107	113	3	8	35	2	2	11	104	65	42	76	42	80	238	928	
	录取人数	25	49	2	3	18		1	2	38	32	21	8	13	18	80	310	33%
济南	报考人数	57	33	3	1	33	4		12	41	47	31	40	11	17	148	480	
	录取人数	4	10	2		5		1	3	11	11	13	8	2	2	31	103	22%
北平	报考人数	41	50	3	1	6	8	2	19	36	34	19	39	22	43	150	473	
	录取人数	9	17	1	1	4			4	7	8	5	5	2	13	39	116	24%
重庆	报考人数	200	193	25	36	40	6	11	43	119	140	134	131	79	133	113	1403	
	录取人数	1	14	2	7	4		1	2	4	10	9	8		11	2	78	6%
成都	报考人数	58	47	6	3	14			10	25	35	20	37	24	33	31	343	
	录取人数	2	2	2		1			2	2	5				1	1	18	5%
西安	报考人数	231	149	23	11	36	6	6	43	79	115	64	64	65	95	210	1157	
	录取人数	6	14	4	1	6		1	8	20	18	10	1	2	5	10	106	9%
上海	报考人数	172	105	17	21	52	3	13	37	119	106	92	84	54	61	155	1091	
	录取人数	4	9	2	8	11			5	11	6		3			87	6		8%
总计	报考人数	866	690	80	81	198	29	36	153	523	542	402	471	297	462	1045	5875	
	录取人数	51	115	15	20	46	4	4	26	93	98	64	38	22	53	169	818	14%

备注：本表所列人数之外，尚有教育部分发先修班及复员青年军学生共245名，又南京区委托中央大学代办录取学生85名，及各指定中学达再成绩审查及格录取者61名，收录学生总数为1209名。

1946年，农学院增设水产学系，首届招生53人。图为1946年新生录取统计表。

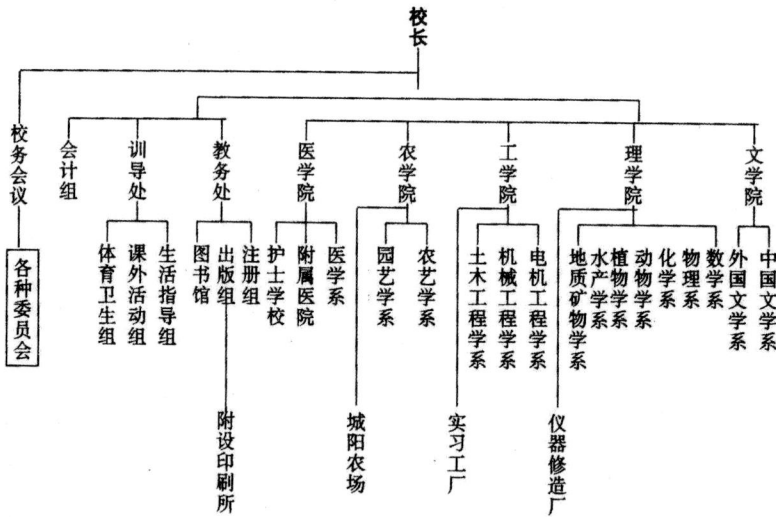

校长
- 校务会议 —— 各种委员会
- 会计组
- 训导处 —— 体育卫生组、课外活动组、生活指导组
- 教务处 —— 图书馆、出版组、注册组 —— 附设印刷所
- 医学院 —— 护士学校、附属医院、医学系 —— 城阳农场
- 农学院 —— 园艺学系、农艺学系 —— 实习工厂
- 工学院 —— 机械工程学系、电机工程学系、土木工程学系
- 理学院 —— 地质矿物学系、水产学系、植物学系、动物学系、化学系、物理系、数学系 —— 仪器修造厂
- 文学院 —— 中国文学系、外国文学系

1948年，水产学系划归理学院。图为1948年学校组织系统表。

曾呈奎（1909—2005）
海洋生物学家。
1947 年 1 月任植物学系主任，
兼任水产学系代理系主任。

朱树屏（1907—1976）
海洋生态学家，水产学家。
1947 年 9 月任水产学系主任。

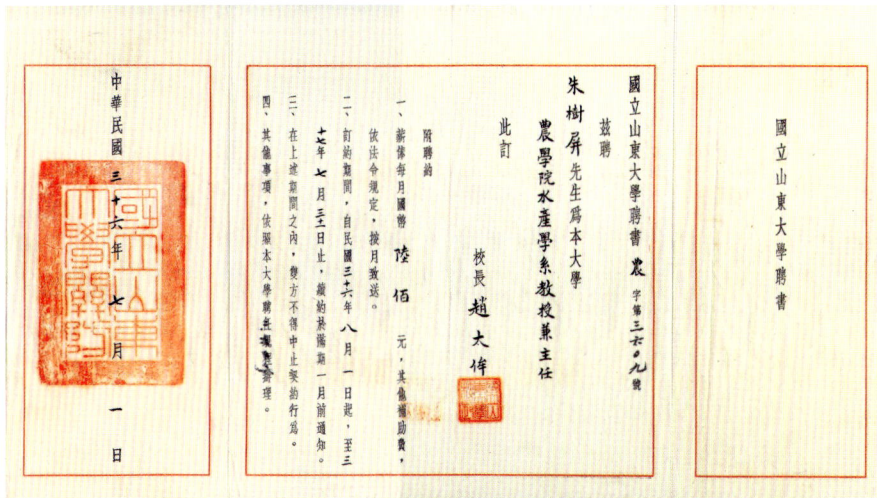

1947 年朱树屏聘书

1947年朱树屏（右一）与水产学系部分教师

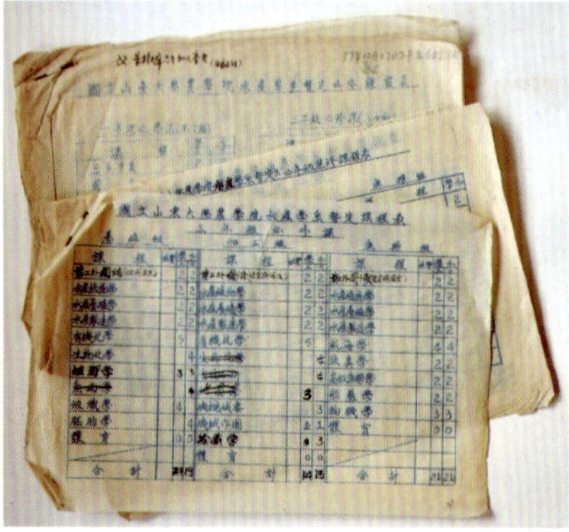

水产学系部分课程表

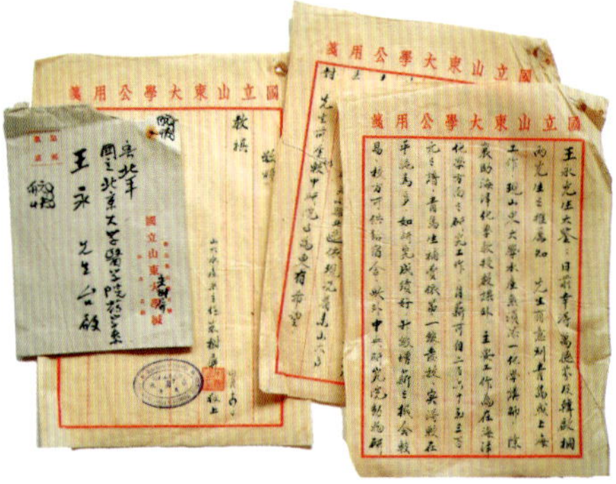

水产学系聘请师资的信函

1949 年 1 月，水产学系因师资缺乏致多门课程无法开课，在赵太侔校长支持下，二、三年级学生 61 人及系主任沈汉祥等教职员到复旦大学借读。图为水产学系学生李爱杰借读注册表。

新中国成立前后，借读师生分批返回青岛。图为 1949 年 10 月，水产学系欢迎借读师生返校合影。

创立海洋研究所

1947 年，学校规划设置海洋学系，附设海洋研究所。后因师资匮乏，先设立海洋研究所，海洋学系暂缓设置。图为学校上报函及国民政府教育部复函。

校长赵太侔拟写的海洋研究所大纲（部分），对研究所成立目的、组织、设备及研究计划等进行了详细规划。

童第周（1902—1979）
生物学家，中国实验胚胎学主要奠基人，
中国海洋科学研究奠基人。1947 年 4 月
受聘为海洋研究所所长。

国立山东大学海洋研究所计划大纲

科学之发达，常因环境之改变，社会之需要，而随之
进展。一世纪来，由于工业之发荣，交通之便捷，已使各
种事业，由大陆而高海洋。近渡及于天空，计全球面积，不
能于陆地，水族生物之繁多，亦不亚于陆生物，且航行之频
繁，国防之巩固，有赖于海洋安全实为多。故海洋之研究，不
惟有阐发其真理，即吾实用及经济价值，亦宣信鱼盐而
已。欧美各国里见及之，沿海各口及内地湖泽，大则研究所，
小则设站，比之皆是。我国位于太平洋西岸，海岸线之长，
北起鸭绿江，南至单京湾，达五千余里，且湖泽沼沼，遍
布全国，继远今尚无较有规模之属所足供研究之用者。前履
青岛市政府及东校等机关作，接联合筹设青岛海洋研究所。
门烟台及定海省有海洋生物研究所之筹设。惟多偏重生物
之一如美国之 Woods Hole，意大利之 Naples，法国之 Roscoff等
之工作。民国二十五年冬，中央研究院，北平研究院，中国科学社
旋因战事暴发而作罢。苏为远各方之需要起见，拟组已往未
竟之工，并扩而大之，至港山附近之海滨，建一较有规模之所，
使全国有兴趣于湖泽海洋学者，均可以专为工作之中心，逐
坐老大学各学术团作，以及有关是项之机关，东作育人才，甚
助长海洋学之发展之意心，赐予佳助，偏长新其之事业，逐
渐发达，以与国际同中国方面之学术研究机关，昌盛厚幸。
兹将该所之纲领及计划暑述于後：

一、名称：
国立山东大学海洋研究所。

二、目的：
东所以研究东海水及浅水之理化及生物为对象，理
论与实用亚重。目的至（一）结东按及全国生物学
及海洋理化学等之研究。（二）偏名大学生物学等

师严生勤 学风良好

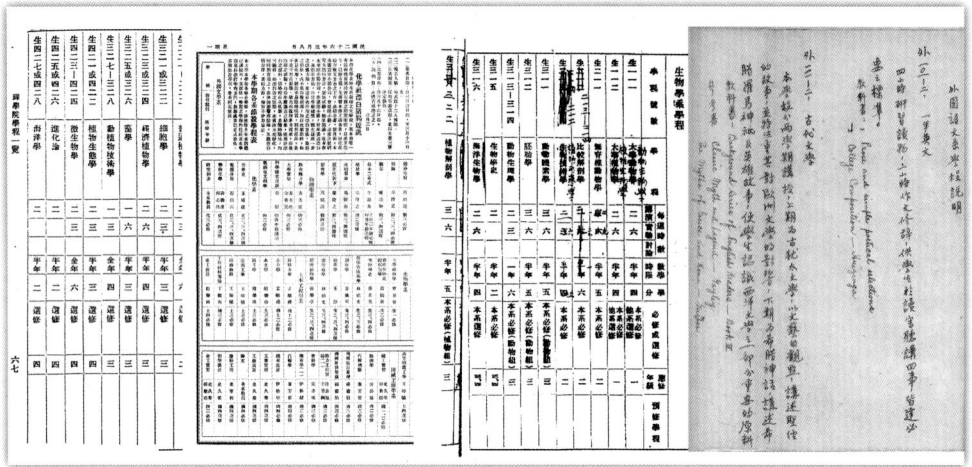

1937 年部分课程表

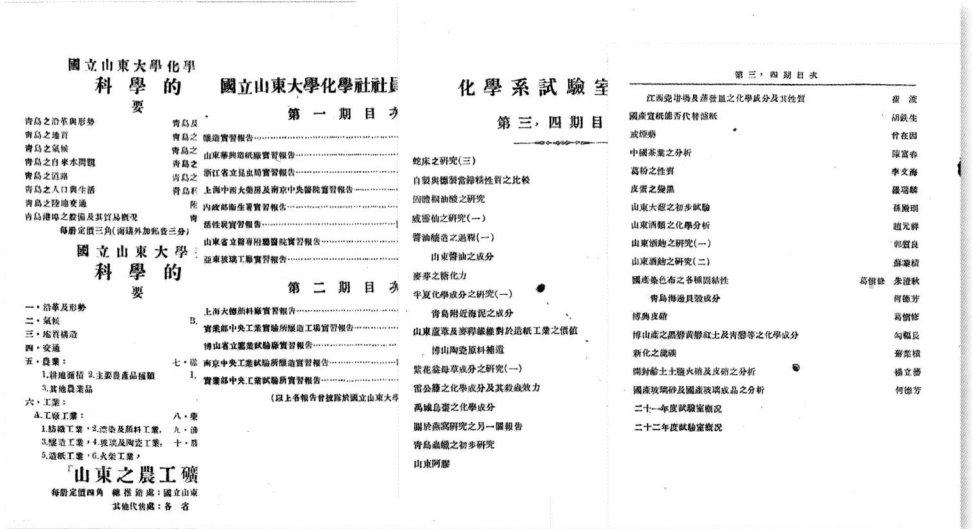

化学系部分研究课题

学生在近代物理实验室做实验。

工学院学生野外实习。

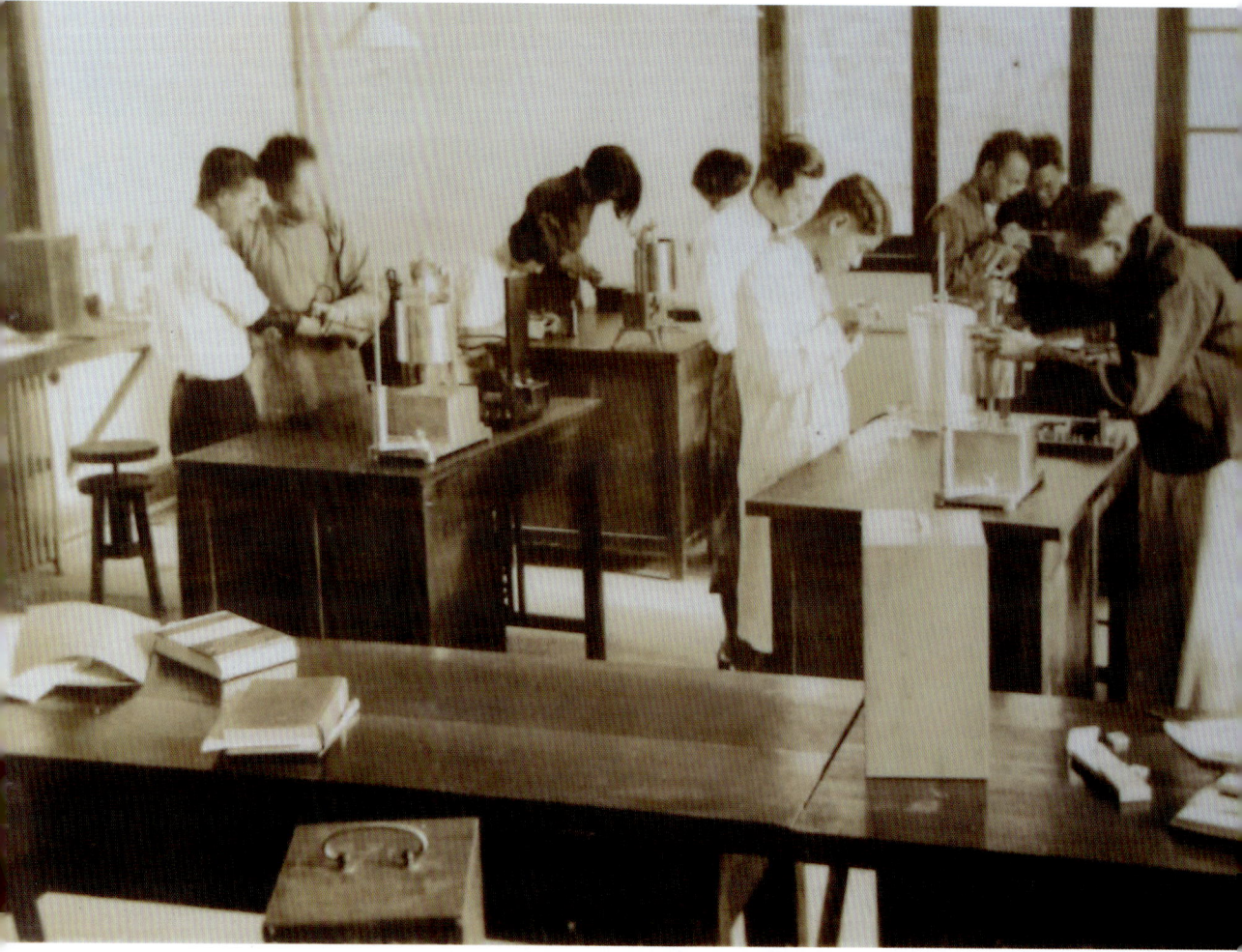

学生上实验课。

1949 年 10 月，复旦大学生物系海洋组部分学生到国立山东大学借读，赫崇本开设高等海洋学、潮汐、动力气象学等课程。图为赫崇本（后排右三）与借读学生合影。

1947 年，中国文学系师生合影。

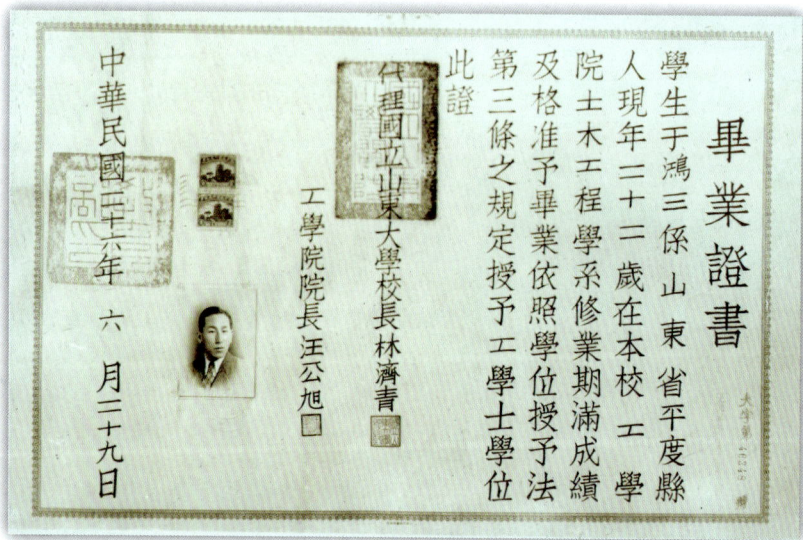

毕业证书

理学院化学系毕业生

工学院毕业生合影。

校舍扩增 设施改善

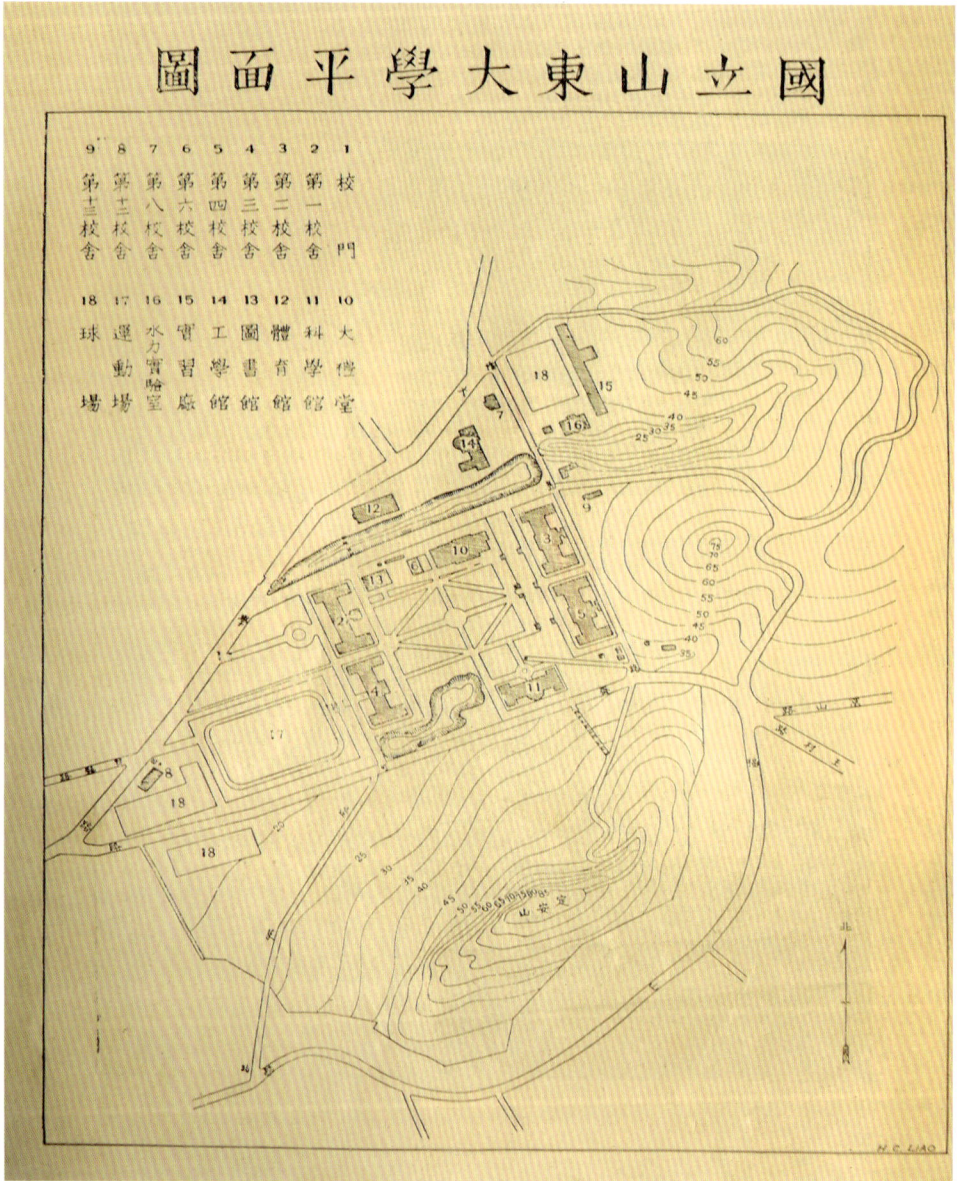

1938 年国立山东大学校园平面示意图

1933 年建成的科学馆，蔡元培题写馆名。

1935 年，体育馆、工学馆和水力实验室先后竣工。图为体育馆，1948 年被驻青
美军士兵烧毁。

工学馆

1937年,面积约2400平方米的化学馆落成并交付使用。

图书馆（今鱼山校区"铭史楼"）

1936 年图书馆工作人员合影

复校时接管的原日本中学校舍（现鱼山校区"六二楼""胜利楼"）

1946 年秋，国立山东大学接收青岛医学专门学校、同仁会青岛医院，成立医学院及附属医院。

国立山东大学初期，学校节约行政费用，新建实验室，购置实验室仪器，办学条件大为改善。图为电学实验室。

抗日救亡 薪火相承

1936年2月，抗日救国会学生在进行抗日宣传时，遭反动军警驱逐和拘捕。3月8日，国民党军警闯入校园搜查，拘捕32人，另有部分学生受伤。图为国民党军警包围搜查校舍。

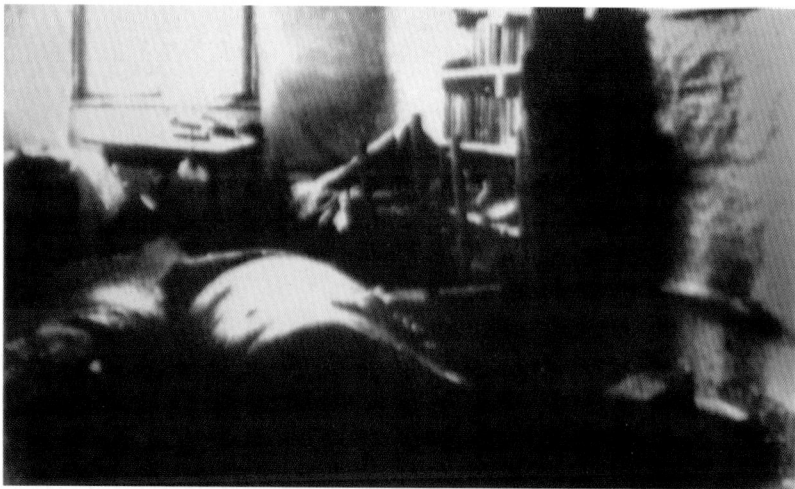

被反动军警破坏的学生宿舍

被捕的抗日救国会成员

1936 年 3 月 13 日，校长赵太侔致函国民党青岛市警察局，要求释放被捕学生，28
名学生被保释回校。图为师生与获释同学合影。

学生观看抗日宣传大字报。

抗日战争期间被侵华日军占据的校园

周持衡（1915—1986）
1935 年考入外国文学系。
全民族抗战爆发后，周持
衡发起成立国立山东大学
中华民族解放先锋队，开
展抗日活动。

王彬华 (1914—2011)
1934 年考入物理系，学
习气象学。1938 年转入
国立中央大学，1943 年
起开展气象观测，支援对
日作战。

周浩然 (1915—1939)
1937 年，周浩然加入国立
山东大学抗日民族先锋队，
开展抗日救国斗争。

1935 年，韩宁夫（二排右四）考入工学院土木工程系。1936 年参
加中华民族解放先锋队，并加入中国共产党。学校南迁后，韩宁夫
与一部分进步学生留在青岛宣传抗日，开展游击战争。

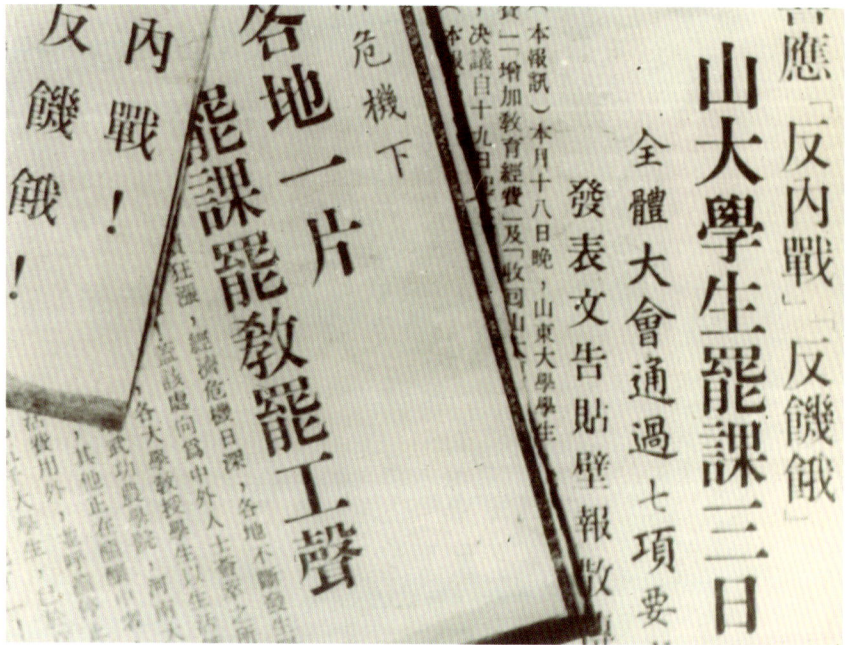

1947 年 6 月 2 日，学校师生举行"反饥饿、反内战、反迫害"示威游行，遭反动当局镇压，造成"六二事件"。图为媒体报道。

师生游行请愿。

海鸥剧社在街头演出话剧《放下你的鞭子》。

新中国成立前夕，师生组织成立了一系列爱国进步社团，其中"大众音乐团"经常组织
学生演唱爱国歌曲，影响很大。图为"大众音乐团"成员合影。

第四章
山东大学时期

1949 年 10 月新中国成立，山东大学进入新纪元。

山东大学在向社会主义新型大学的过渡阶段，华岗校长贡献卓著。他开设政治大课，创办《文史哲》杂志，奠定了毛泽东思想在学校意识形态的主导地位。华东大学与山东大学合并，学科力量得到加强。学校实施文史见长、加强理科、发展生物、开拓海洋的办学方针，形成了校史上的第二个兴盛期。在全国大规模院系调整中，山大的综合实力虽被削弱，但水产、海洋、气象、海洋生物等学科（专业）却得到加强，实力不断壮大。

1955 年 8 月，华岗校长被诬去职。1956 年 7 月晁哲甫继任校长兼党委书记。之后全国范围的政治运动频仍，特别是反右派斗争扩大化，严重挫伤了知识分子的积极性，延缓了学校事业的发展。1958 年 7 月，成仿吾任校长兼党委书记。10 月，奉山东省委指示，山东大学大部迁往省会济南，开启新的创业征程。留下海洋系、水产系、地质系、生物系的海洋生物专业等作为基础（史称山东大学"青岛部分"），开始筹建一所面向海洋的大学。

山东大学进入新纪元

1949 年 6 月 2 日，山东大学宣慰团走出校门庆祝青岛解放。

青岛市军管会派王哲、罗竹风、高剑秋、张惠组成军管小组进驻学校，对学校开展全面整顿。图为驻学校军管小组合影。

1950年4月，国立山东大学召开首届师生代表会议，通过改造国立山东大学的具体方针和加强校委会领导的方案，选举产生以华岗为主任委员的新校务委员会。图为参会人员合影。

1950 年 11 月，教育部批准 1948 年成立的华东大学与国立山东大学合并，组建新山东大学。图为华东大学师生迁往青岛途中。

华东大学与国立山东大学迁并办理委员会成员：（左起）副主任张勃川、陆侃如，委员童第周、罗竹风，主任彭康，委员余修、刘宿贤、刘椽。

1951 年 3 月 19 日，山东大学开学典礼暨合校成功庆祝大会。

华　岗
1950 年 4 月至 1951 年 2 月
任校务委员会主任；
1951 年 2 月至 1955 年 8 月
任校长兼党委书记

晁哲甫
1956 年 7 月至 1958 年 9 月
任校长兼党委书记

成仿吾
1958 年 8 月至 1959 年 3 月
任校长兼党委书记

华岗校长上政治大课。

全校师生集中进行理论学习。

1955 年 5 月 29 日，中国共产党山东大学党员代表大会会场。

1956 年 10 月，校长晁哲甫向全校师生传达中共第八次全国代表大会精神。

1958 年秋，山东大学中文、历史学、数学、物理学、化学、生物学六系迁往济南，海洋学、水产学和正在筹建的地质学三系以及海洋生物专业及直属教研室部分人员留在青岛。图为生物学系师生离开青岛前在海滨合影。

1959 年 1 月 31 日，中共山东大学（青岛部分）党员大会会场。

院系调整 文理兼备

1951 年，医学院师生合影。

1952 年，山东大学理学院地质矿物学系及工学院采矿工程系迁至长春，
与有关院校系科合并组建长春地质学院。图为 1951 年 6 月，地质矿物学
系毕业生合影。

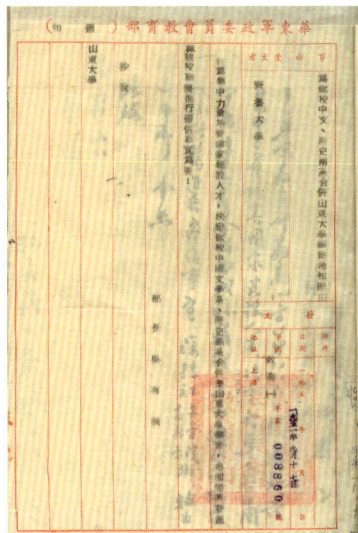

1951年9月，齐鲁大学中国文
学系、历史系合并到山东大学。

工学院土木工程系与原山东工学院土木、纺织两系合并成立青
岛工学院。

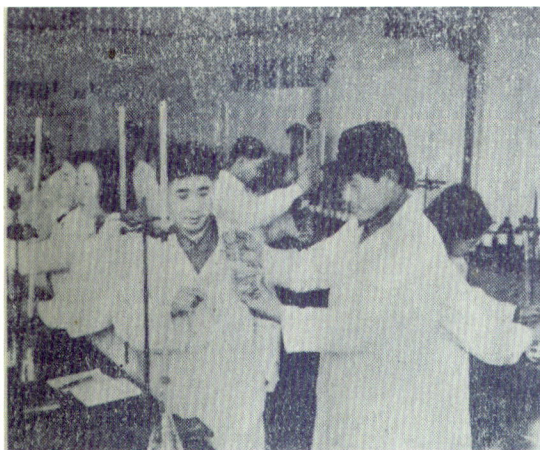

物理学系下设物理专业、气象专业、普通物理
教研组和两个教学小组。图为学生在实验室做
光谱分析实验。

化学系设物理化学专业、两个教研组和三个教
学小组。图为化学系老师在指导学生做实验。

中国语言文学系下设汉语言文学专业和三个教学小组。图为中国文学史教师冯沅君（左一）、关德栋（左二）等在研究工作。

外文系设俄语专业、基础俄语教研组和英语教学小组。图为老师在上俄语课。

1953年设立马列主义教研室，下设中国现代革命史、马列主义基础等四个教学小组。图为教研室成员在学习讨论过渡时期总路线。

数学系设数学专业、高等数学教研组和三个教学小组。图为数学系老师为学生辅导功课。

海洋系成立

山东大学与华东大学合并后，形成五院 18 系和两个研究所的格局。海洋物理研究所位列其中。

1952 年，厦门大学海洋系理化组 4 名教师和 18 名学生调入山东大学，与海洋物理研究所合并成立海洋系。图为山东大学致厦门大学的公函。1953 年 5 月，山东大学将物理海洋、海洋生物等六个专业作为重点发展学科上报高教部。

赫崇本（1908—1985）
1952 年任海洋系主任。

唐世凤（1903—1971）
1946 年在厦门大学筹建海洋系和中
国海洋研究所。1952 年北上青岛，
参与山东大学海洋系初期建设。

1955 年印制的《海洋水文气象定点观测实习指导》

1956 年编写的海洋学专业教学计划表

1952年，束星北任教于物理系，转向大气动力学研究。海洋系成立后，物理系气象组转入海洋系，成立气象研究室，束星北任主任。

1953年，文圣常由哈尔滨军事工程学院调入海洋系，开展海浪教学与研究工作。图为文圣常（右二）等在船厂调研。

海洋系 1952 级学生出海实习留影。

1954 年，海洋系设有海洋学、气象学和海洋化学三个教研组，专任教师 17 人、在校生 172 名。图为部分学生在校园留影。

教学改革 注重实践

1952年，山东大学开展以"专业教学、培养师资、整顿纪律、提高质量"为重点的教学改革工作，全校设立 10 个专业和 14 个教研室（组）。图为化学系专业设置学习核心小组在研究教学计划。

1954 年，学校在中文、历史、生物和海洋系推动毕业论文撰写工作。图为海洋系赫崇本教授（左二）指导学生撰写毕业论文。

化学专业教师唐思齐（中）指导学生写毕业论文。

海洋系海上调查与观测仪器条件得到改善，1954年起陆续开展海上调查实习。图为学生在测量海水透明度。

1952 年 9 月，全国工业劳动模范郝建秀（右）进入山东大学工农速成中学学习。

物理系杨有栋辅导学生。

1954 年 7 月，水产系师生在青岛薛家岛实习。

医学院学生上解剖课。

物理系气象组学生在气象站记录观测数据。

学生测量实习

党委书记晁哲甫与学生交流。

童第周（右三）和部分生物系学生合影。

医学院学生张之涵（左一）参加第三届世界学生代表大会。

1959 年 8 月毕业生合影。

研教结合 服务生产

学校科研工作主要围绕教学和实际生产所需要解决的科学问题进行。图为《青岛日报》关于学校科研工作的报道。

1950年4月，地质矿物学系师生在地质调查实习中发现恐龙和恐龙蛋化石。图为化石挖掘现场。

1953 年，海洋系、生物系与中国科学院海洋生物研究室等共同发起我国首次
海洋渔场综合调查。图为调查人员分析调查样本。

1950 年 10 月治淮工作队合影。

童第周培育出"童鱼"并在两栖类胚胎纤毛运动研究方面取得突破性成果，
被称为"中国克隆之父"。图为童第周与叶毓芬在实验室工作。

1954年，海洋系赫崇本（中）等研究海水 pH 值测定仪器的使用方法。

水产系利用海带提取甘露醇。

教师研制"气阻环式分析天平"。

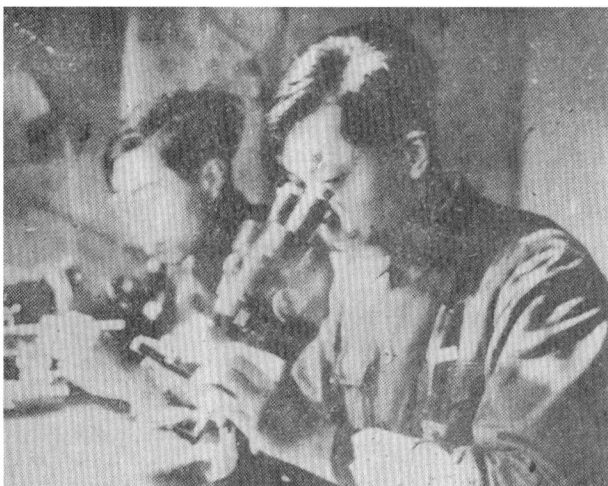

教师帮助青岛国棉六厂分析新旧棉纱纤维比例，指导利用旧棉织布。

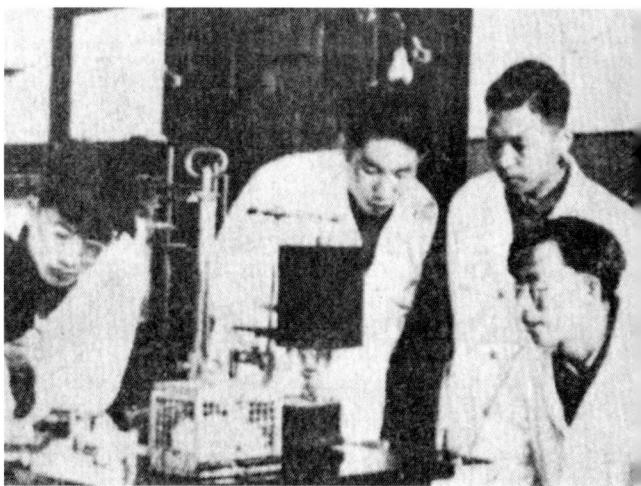

1956 年，医学院中药研究小组开展"酸枣仁的药理作用"的研究。

1958 年 8 月，参加我国第一次全国性海洋综合调查的海洋系学生合影。

1951 年 5 月，《文史哲》杂志创刊，以繁荣学术、推动教学科研、培养和发现人才为办刊目的，成为活跃的学术园地。

《文史哲》编委会研究工作。

历史学系师资队伍阵容齐整，杨向奎、童书业、黄云眉、张维华、陈同燮、郑鹤声、王仲荦、赵俪生同集一系，围绕学界重大课题开展研究。图为赵俪生夫妇在进行学术研究。

中文系冯沅君、陆侃如、高亨、萧涤非在古典文学领域的研究，填补学界多项空白。图为冯沅君、陆侃如、高亨等在讨论工作。

1955 年，童第周副校长在校庆科学讨论会开幕式上致辞。

山东大学在职知识青年向科学进军大会

条件改善 保障有力

鱼山路校门与"六二楼"

"六二楼"与"胜利楼"一角

樱花掩映中的"六二楼"

鱼山路操场

樱花盛开的校园

学校图书馆有藏书 28 万余册。图为 1952 年图书馆全体工作人员合影。

山东大学第二公舍，前身为日占青岛时所建公寓。青岛解放后，收为山东大学员工宿舍。

建设中的学生宿舍

员工托儿所

恢复留学生教育

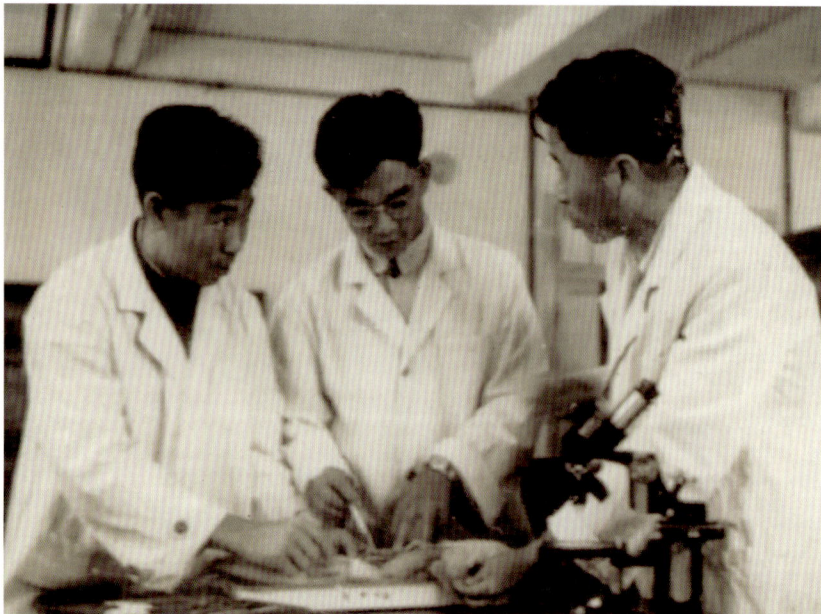

1954 年学校恢复留学生教育。图为朝鲜留学生在水产系实验室做实验。

高亨教授（左二）辅导留学生。

1956 年 9 月，中文系学生在火车站迎接越南留学生。

留学生在教室听课。

朝鲜留学生毕业回国前夕与水产系师生合影留念。

1956年5月，中国、苏联、朝鲜、越南签订四国渔业合作协议，组成"太平洋西部渔业研究委员会"。图为1957年四国渔业会议期间各国代表合影，后排左三为海洋系主任赫崇本。

海洋系主任赫崇本与苏联专家交流。

1958 年 11 月，苏联专家列昂诺夫应邀来校讲授区域海洋学。图为列昂诺夫在上课。

校园生活 丰富多彩

1950 年，师生庆祝青岛解放一周年合影。

师生捐书捐款慰问抗美援朝志愿军指战员。

1950 年 9 月，中国新民主主义青年团山东大学第一次代表大会。

1952 年，山东大学第一届学生会部分成员合影。

工农速成中学学生表演话剧。

学生在海边进行划船训练。

教职工打扫校园。

1957 年，师生支援农村水电建设。

1955 年 5 月 4 日，山东大学优秀班级、优秀学生表彰大会会场。

1955 年，山东大学反对使用原子武器宣传队在青岛海滨游行。

1956 年 3 月，山东大学先进生产者授奖大会上，22 名教职工受到表彰。

1958 年，海洋系三年级党团员合影。

第三篇

向海而立　稳步前行

第五章
山东海洋学院时期

1958 年 10 月，为更好开发国家的海洋资源及适应国防建设需要，山东省委以山东大学（青岛）为基础，筹建一所面向海洋的大学。这所大学的筹建方案几经调整，1959 年 3 月，经中共中央批准，山东海洋学院成立，设置五系九专业，曲相升任院长兼党委书记。

1960 年中共中央公布全国重点大学，山东海洋学院位列 13 所综合大学之中。1963 年牵头倡建国家海洋局，1965 年学校划归国家海洋局领导。国家在财政十分困难的情况下，斥巨资建造 2500 吨级的"东方红"号海洋实习调查船。尽管受到政治运动的干扰和三年困难时期的影响，海院人在党委的领导下，共克时艰，团结奋斗，认真贯彻"高教 60 条"，办学条件大为改善，师资力量得到充实，教学质量稳步提高，逐步建立起综合性涉海学科（专业）体系，各项事业取得长足进步。

"文化大革命"前期，学校党政管理体系、正常教学秩序遭到破坏，不少知识分子、干部受到打击迫害，中断招生五年。1971 年在山东省高等学校布局和专业调整中，水产系并入烟台水产学校。1972 年学校恢复招生。大多数干部和教师顶着压力，尽力维持正常秩序，克服困难开展教学和科研工作，以实际行动抵制"左"倾错误路线并取得一定成绩。

1976 年"文化大革命"结束后，学校积极拨乱反正，平反冤假错案，开展真理标准问题大讨论，落实党的知识分子政策。水产系归建，学校重归教育部直属。各项工作得到恢复性发展。

1978 年党的十一届三中全会后，学校的工作着重点开始向教学科研转移。1979 年 9 月院党委恢复，张国中任党委书记、院长。之后华山、施正铿、冉祥熙先后任党委书记，文圣常、施正铿先后任院长。学校陆续对教学、科研、后勤、管理等内部运行机制进行改革。着眼国家经济和社会发展需求，在加强海洋学科建设的基础上，着力于转型发展，大力调整学科专业结构，逐渐发展成为一所以涉海优势学科为骨干，包括理、工、农（水产）、文、管理等在内的多科性大学。

向海而立的国家重点大学

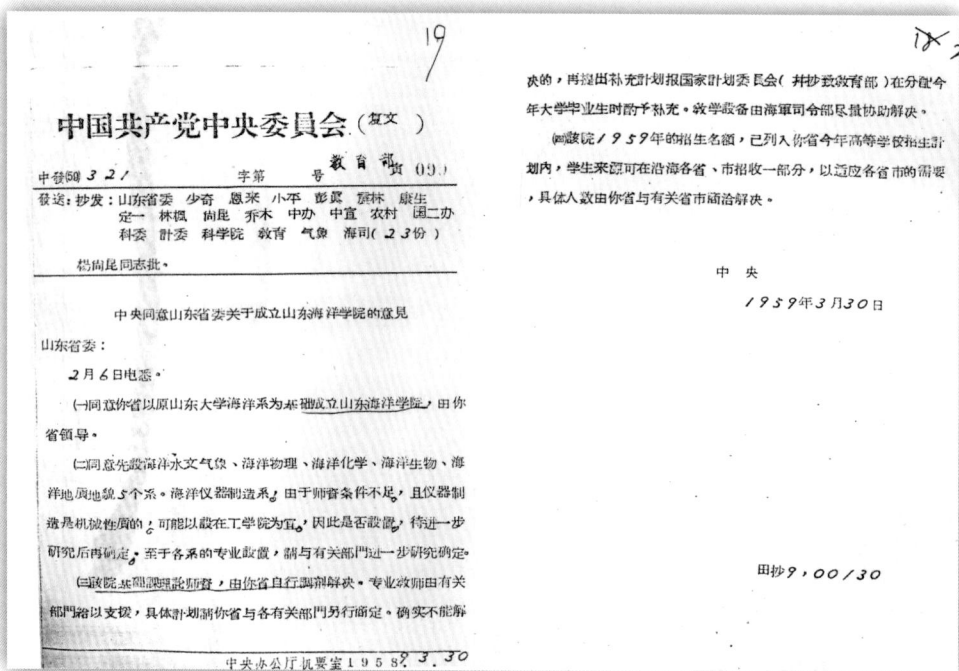

1959年3月，中共中央批准成立山东海洋学院，设海洋水文气象、海洋物理、海洋化学、海洋生物、海洋地质地貌五个系，列入当年高等院校招生计划。

山东海洋学院建院典礼合影。

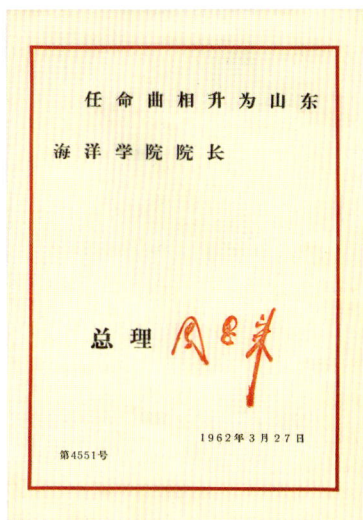

任命曲相升为山东
海洋学院院长

总理 周恩来

1962年3月27日
第4551号

山东海洋学院院长任命书

1959年9月1日，党委书记兼院长曲相升在山东海洋学院建院暨开学典礼上宣读中共中央决定，宣布山东海洋学院成立。

山东海洋学院校门

曲相升
1959 年 7 月至 1966 年 7 月
任党委书记兼院长

张国中
1974 年 11 月至 1979 年 9 月
任党的核心领导小组组长、革委会主任
1979 年 9 月至 1980 年 10 月
任党委书记兼院长

华　山
1981 年 8 月至 1984 年 4 月
任党委书记

文圣常
1984 年 4 月至 1987 年 4 月
任院长

施正铿
1984 年 9 月至 1987 年 4 月
任党委书记
1987 年 4 月至 1988 年 1 月
任院长

冉祥熙
1987 年 4 月至 1988 年 1 月
任党委书记

1960 年 3 月 12 日，中国共产党山东海洋学院第一次代表大会召开。

山东海洋学院建院 20 周年庆祝大会合影。

01000

提高质量的目的。

一、原有的全国重点高等学校（校名前画有○的）和新增加的全国重点高等学校共六十四所，名单如下：

1、综合大学十三所

☆中国人民大学　☆北京大学　☆复旦大学
☆中国科学技术大学　吉林大学　南开大学
南京大学　武汉大学　中山大学　四川大学
山东大学　山东海洋学院　兰州大学

2、工科院校三十二所

☆清华大学　☆上海交通大学　☆西安交通大学
☆天津大学　☆哈尔滨工业大学　大连工学院
东北工学院　南京工学院　华南工学院　华中工学院
重庆大学　西北工业大学　合肥工业大学
☆北京工业学院　☆北京航空学院　北京石油学院
北京地质学院　北京邮电学院　北京钢铁学院
北京矿业学院　北京铁道学院　北京化工学院
唐山铁道学院　吉林工业大学　大连海运学院
华东水利学院　华东化工学院　华东纺织工学院
同济大学　武汉水利电力学院　中南矿冶学院
成都电讯工程学院

3、师范院校二所

—2—

中央[60]555号　　　　　机

中共中央之印

（发至省级）

中共中央关于增加
全国重点高等学校的决定

一九六〇年十月二十二日

一九五九年三月中央决定设置全国重点高等学校，是在高等教育事业大发展中，为了保证一部分学校能够培养较高质量的科学技术干部和理论工作干部，更有力地提高我国高等学校的教育质量和科学水平。由于两年来高等学校大量增加，中央原定二十所重点高等学校的数量显得太少，为了更有力地促进我国高等教育事业和支援新建高等学校的工作，中央决定再增加一批全国重点高等学校。全国重点高等学校的专业设置不宜过多，各校之间要有适当分工。学校的发展规模不宜过大，应该加以控制，以便集中力量，迅速达到

中共山东海洋学院委员会办公室

1960 年 10 月，山东海洋学院列为全国 13 所重点综合大学之一。

聚焦海洋水产 发展综合学科

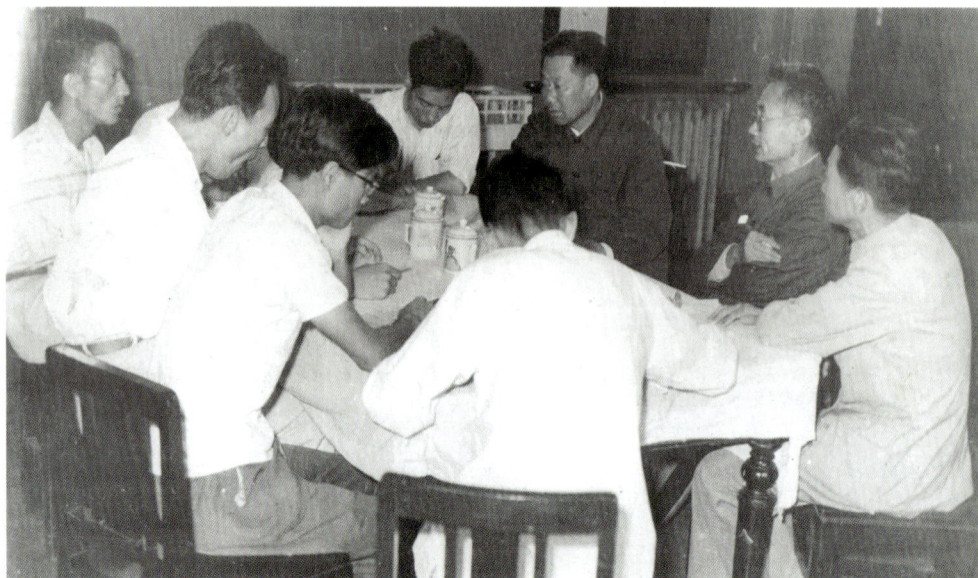

1959年3月，海洋系更名为海洋水文气象学系。图为赫崇本、金有根、秦曾灏、王彬华等在研究工作。

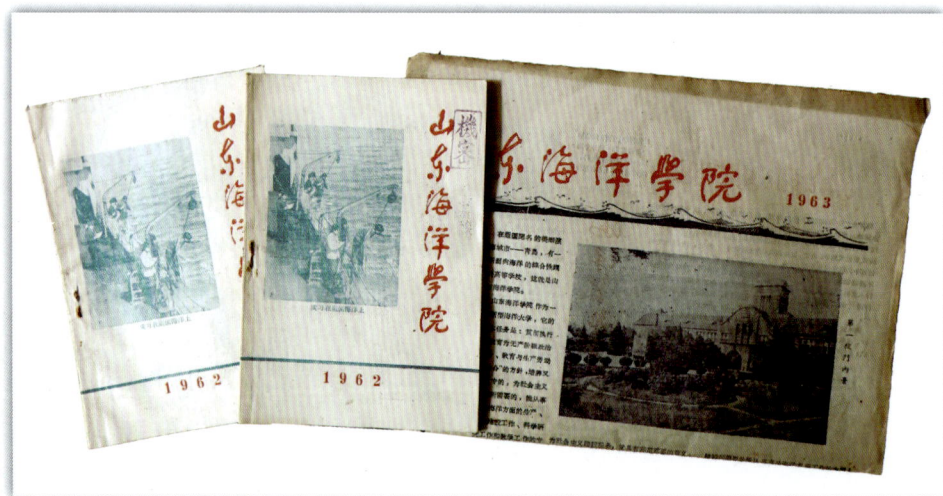

20世纪60年代初山东海洋学院招生简章和专业介绍

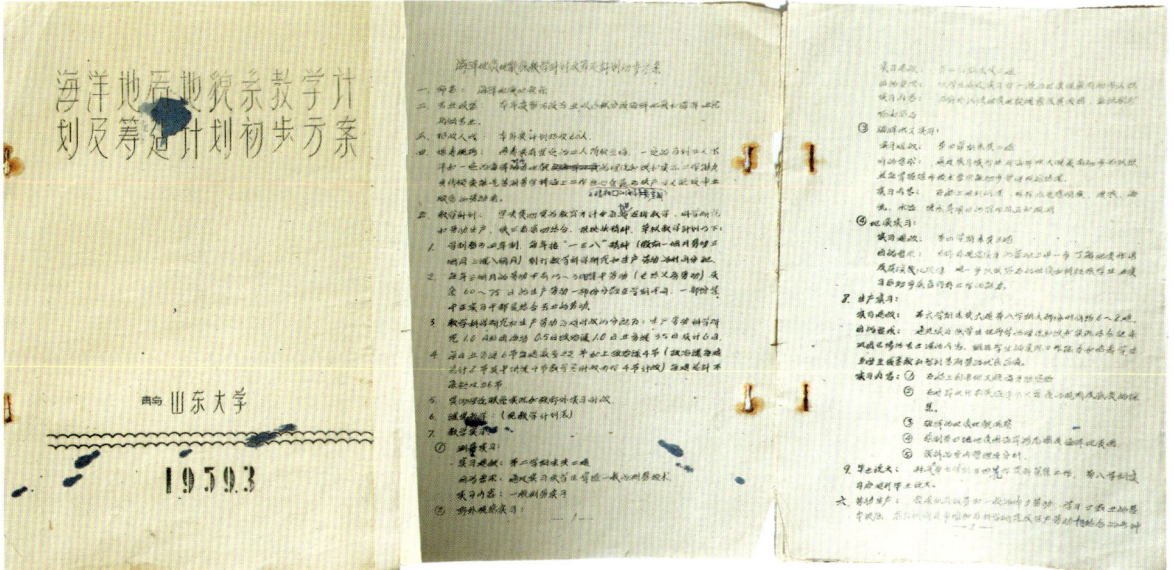

1959 年 3 月拟写的海洋地质地貌系教学计划及筹建计划方案

1960 年编写的《海洋地质学讲义》

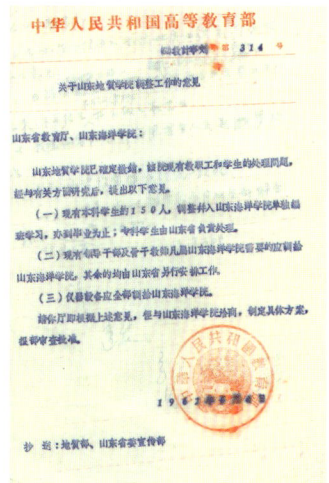

1962 年，山东地质学院并入山东海洋学院。

1963 年，海洋生物学系遗传专门化小组合影。

海洋化学系师资队伍

1971 年 2 月，根据《山东省高等学校布局和专业调整方案》，水产系并入烟台水产学校。图为迁往烟台的部分教师合影。

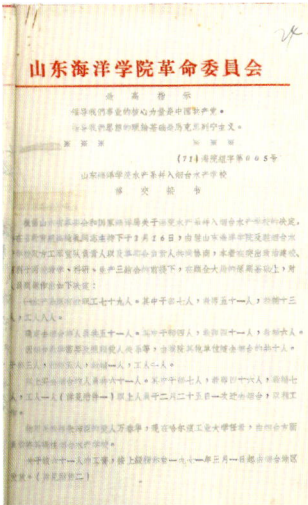

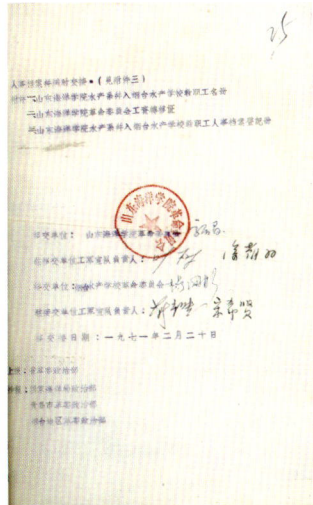

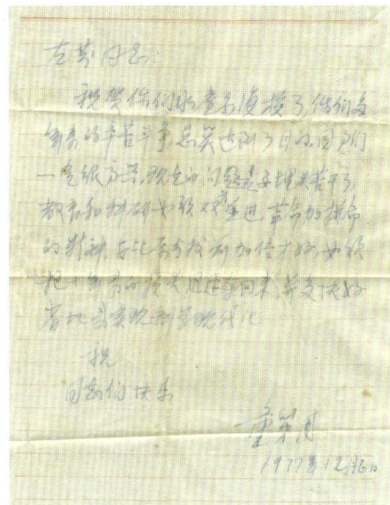

水产系迁烟台相关文件

1978 年，水产系归建山东海洋学院。图为 1977 年底童第周写给系主任尹左芬的信。

20 世纪 70 年代末水产品加工专业部分教师

1986 年 9 月，水产系改为水产学部。

1980 年，学校设立数学系。图为 20 世纪 80 年代初数学系全体教师。

1983 年学校增设外语系。图为外语系第一届学生与外教在一起。

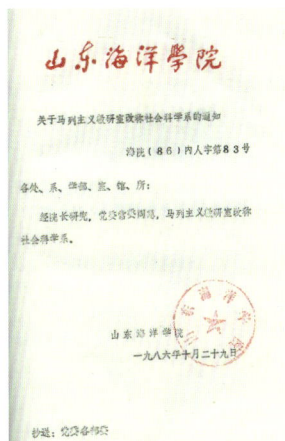

1986 年，社会科学系成立。至此，学校共设有 9 个系、22 个专业。

人才培养 质量提升

赫崇本教务长走访学生宿舍。

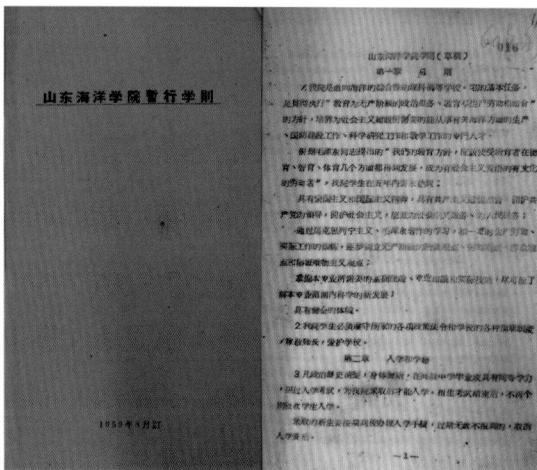

1959 年制定的《山东海洋学院暂行学则》

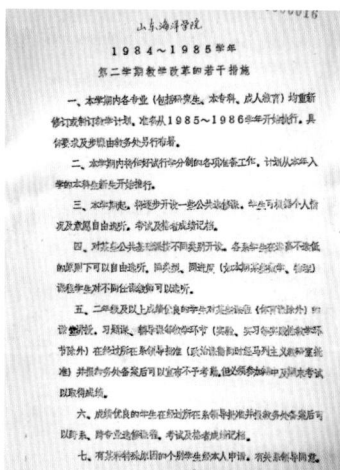

1985 年，学校推行学分制。

1960 年春，学校启动以课程、教学制度、教学内容和教学方法改革为主要内容的教学改革。图为教师研究教改新方案。

教师研究教学工作。

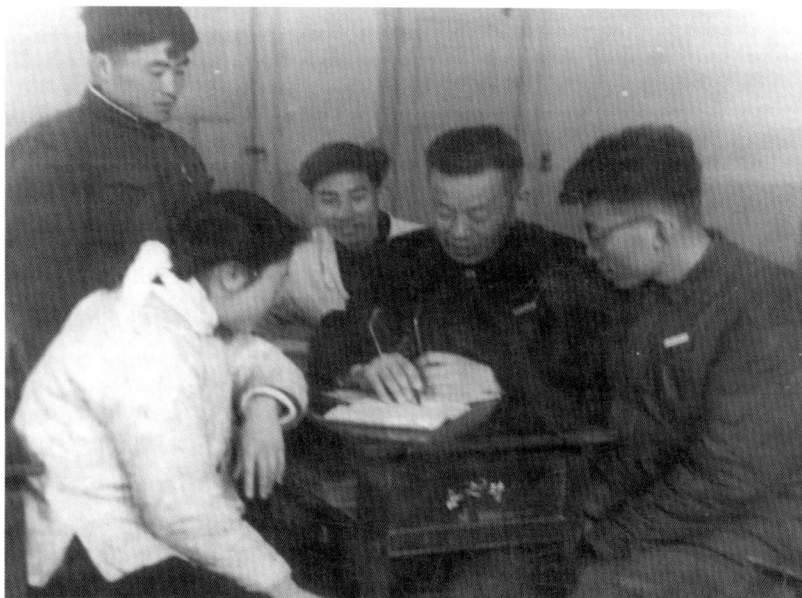

海洋生物系李嘉泳（右二）等研讨基础课教学。

海洋化学系崔于枝（左一）在学生中进行调研以改进教学工作。

水产系许继曾在备课。

海洋生物系薛廷耀在备课。

观测场备课。

教师准备实验。

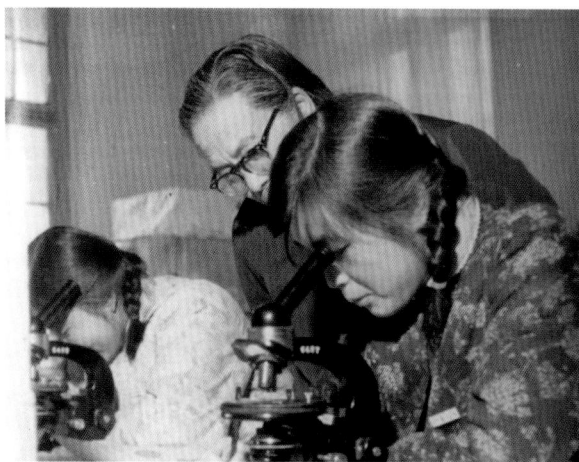

水产系尹左芬指导学生做实验。

理论物理教研室陈成琳讲授统计物理学。

数学系刘智白在讲课。

海洋生物系高哲生（右一）指导学生研究
华北多毛类动物。

1982 年，海洋动力学研究室文圣常参加学生研讨会。

海洋地质系教师指导学生调查实习。

物理系杨有株指导青年教师。

教师在海洋调查实习中讲解调查仪器使用方法。

海洋化学系学生在青岛化工厂劳动实习。

海洋生物系学生在工厂学习制作教具。

学生利用水井做实验。

学生在实验室组装仪器。

水产养殖专业学生上实验课。

学生自习。

1980 年，水产系师生出海采样。

学生在海洋调查实习中测风速。

学生进行海洋调查实习。

海洋生物系教师指导学生观察鱼类的分类特征。

水产系教师指导学生进行扇贝人工育苗。

海洋气象专业教师指导学生根据雷达回波分析天气趋势。

教师在"东方红"船上指导学生实习。

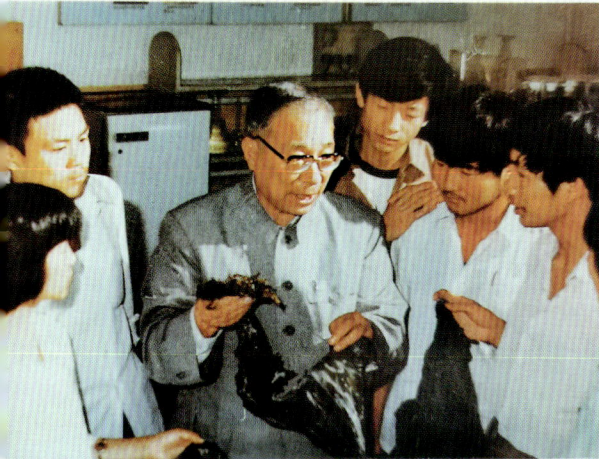

1984 年，海洋生物系方宗熙指导学生。

海洋工程系侯国本在海洋动力实验室指导学生。

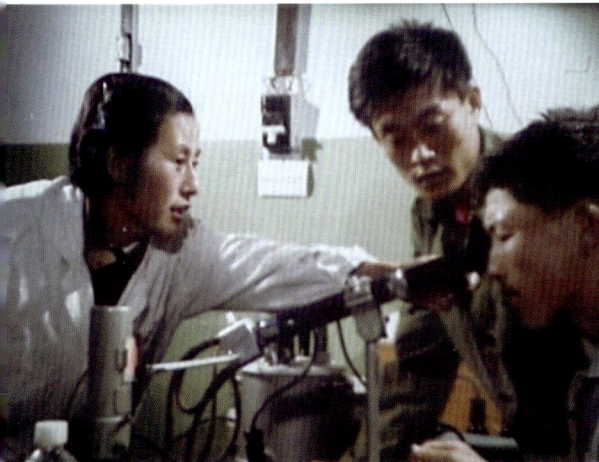

教师指导学生做实验。

1987 年，学生大学英语统考成绩在全国名列前茅。图为外语系张春寿在上课。

1986 年，水产系王如才讲授贝类养殖学。

海洋化学系张正斌指导博士生。

学生在青岛海滨采样。

学生在气象台实习。

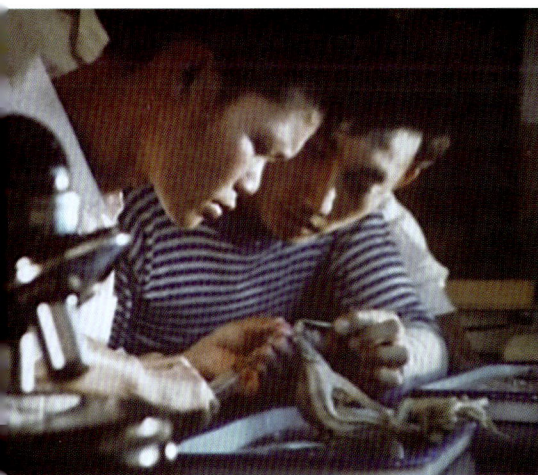

水产系学生做海洋动物解剖实验。

学生在海洋生物标本室学习。

1962 年，山东海洋学院业余大学外语系第一届毕业生合影。

1960 年 7 月，山东海洋学院应届毕业生合影。

1960 年 5 月，山东海洋学院附设中学理科二年级二班毕业合影。

1971 年，学校恢复招生，共招收工农兵学员 311 人。图为部分工农兵学员毕业留念。

1977 级海洋生物学专业学生在校园里。

1977 年，国家恢复高等学校统一招生考试制度，本年度学校 9 个专业共招生 372 人。图为 1977
级毕业生合影。

1983 年数学系应届毕业生合影。

1984 级英语专业本科毕业生合影。

1984 年 11 月，39 位校友参加中国首次南极科学考察。图为部分校友合影。

1978 年，学校恢复研究生招生，录取遗传学研究生 5 名。图为 1981 届毕业研究生与导师合影。

1982 届研究生毕业答辩。

1981年11月，学校成为全国首批具有博士硕士学位授予权单位之一，1985年中国第一位海洋学博士孙孚毕业。图为孙孚与导师文圣常合影。

1984年，海洋气象学专业被批准为具有博士学位授予权学科。海洋地质学、水产养殖、海洋捕捞、水产品贮藏与加工为具有硕士学位授予权学科。图为1985年水产系毕业硕士研究生。

科学研究 彰显特色

教师在青岛薛家岛采集柱头虫。

1960年，山东海洋学院师生参加我国第一次全国海洋调查。

科研人员使用自制HLM1型海流计测海流

党委书记兼院长曲相升（前右）与科研人员在海流计海试途中。

高云昌（中）查看青年教师科研工作情况。

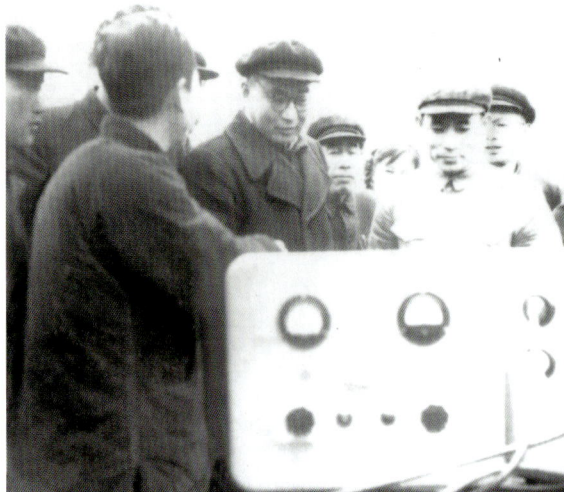

光电捕鱼实验现场

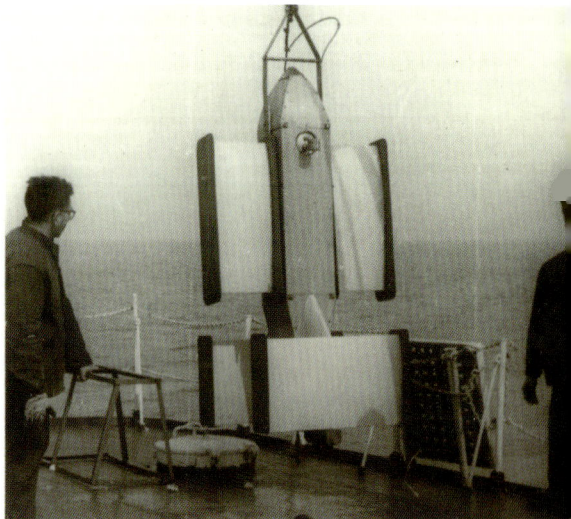

走航温盐深记录仪进行海试。

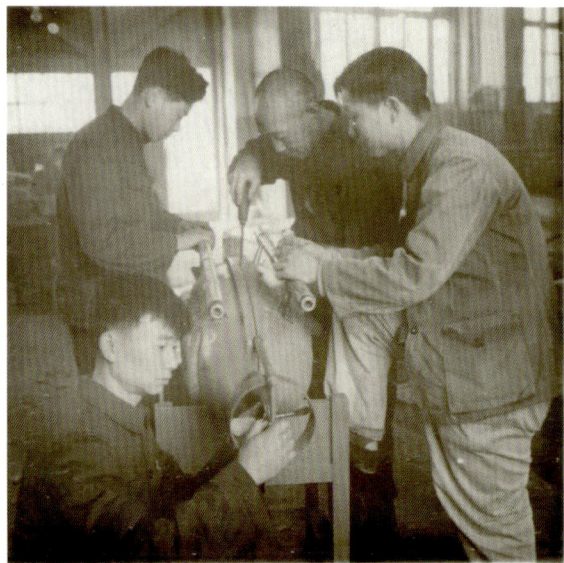

20世纪60年代末师生研制海洋仪器。

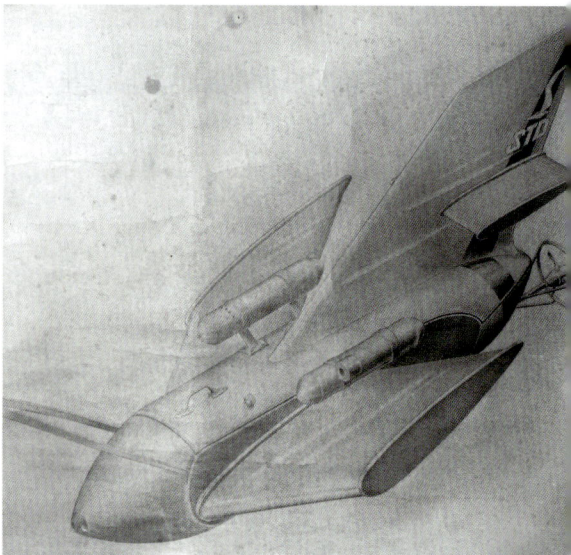

学校研制的海洋调查仪器图样

1972 年，学校科研人员在进行海水提铀试验。

师生在太平角海水养殖场利用筏式养殖法养殖海带。

1978 年，赫崇本（右）与冯士筰讨论学术问题。

20 世纪 50 年代，方宗熙将遗传学理论应用于海带选择育种技术研究，培育出"海青一号""海青二号"和"海青三号"三个海带新品种。70 年代，方宗熙以其建立的海带单倍体育种技术，成为中国第一次海水养殖浪潮的引领者。图为方宗熙在实验室研究海带育种技术。

1978 年，水产系科研组在进行科研攻关。

1983 年 4 月，水产系沈汉祥（左二）在江苏省江阴县渔业社作报告。

水产系李爱杰（左一）致力于水产动物营养与饲料的教学研究工作。1982
年起在全国推广对虾配合饲料和对虾养殖技术。

水产系教师在养殖场进行技术指导。

水产系王克行（左）与合作单位共同开展对虾工厂化育苗研究并率先获得成功，成为中国第二次海水养殖浪潮的引领者之一。

水产系王如才（左）在太平角养殖场进行贝类养殖研究。

海洋工程系侯国本提出"日照港可建深水大港""黄河口无潮区建深水大港""黄河口挖沙降河，稳定流路"等建议，为发展经济、防灾减灾作出贡献。图为 1984 年侯国本（左）考察黄河口。

1976年6月，郑柏林等完成了西沙群岛海藻资源调查，采集标本1000多件。图为郑柏林（左）在实验室鉴定海藻标本。

20世纪80年代初，赫崇本（右）与景振华讨论《海流原理》书稿。

水产系马绍先（中）在生产一线进行技术指导。

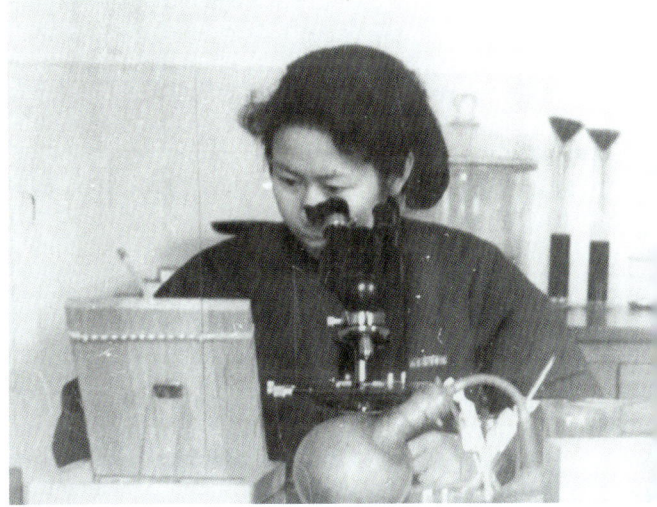

海洋地质系程广芬在进行海洋沉积物研究。

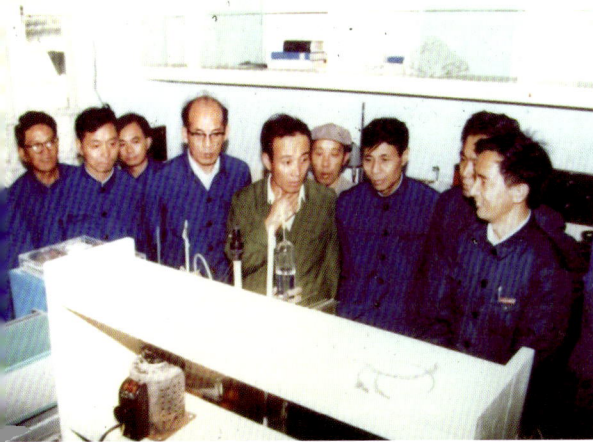

1982年中国标准海水国家实用盐度标准验收会现场。

1987年，学校自研海流计海试。

1960年，海洋水文气象系文圣常发表《普遍风浪谱及其应用》和《涌浪谱》，被称为"文氏风浪谱"；1962年出版国内外第一部海浪理论专著《海浪原理》；1984年出版《海浪理论与计算原理》；1985年"港口工程技术规范——海港水文"获国家科学技术进步奖二等奖；1986年"新型混合型海浪数值预报模式"获国家"七五""八五"重大科技成果奖。

1982年，船用实验室HD-2型海水电导盐度计获1982年国家重大科学技术发明奖四等奖。图为HD-2型电导盐度计鉴定会现场。

1982 年，科研成果"浅海风暴潮的动力机制及其预报方法的研究"获国家自然科学奖三等奖。图为成果完成人秦曾灏（中）、冯士筰（右）、孙文心在一起研讨。

　1985 年，苏育嵩（右二）等完成的成果"渤、黄、东海大面水温预报"获国家科学技术进步奖三等奖。

水产系管华诗于 20 世纪 60 年代开展"海藻提碘新工艺的工程化"研究；70 年代主持完成"海带提碘联产品的——褐藻胶、甘露醇再利用"研究课题，研制成功"农业乳化剂"等四个新产品并相继投产；80 年代研制成功中国第一个现代海洋药物藻酸双酯钠（PSS），带动了中国海洋药物研究的兴起与发展。图为管华诗（左二）与团队在开展 PSS 中试试验。

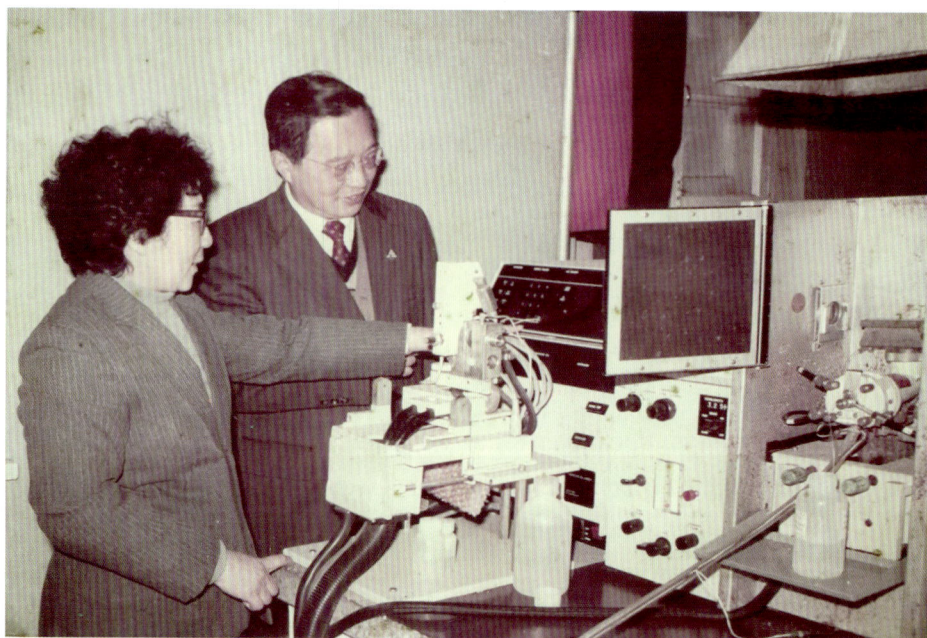

1987 年，张正斌（右）团队完成的成果"海水中溶解离子与固体微粒相互作用规律的研究及其应用"获国家自然科学奖三等奖。

学校先后建成露天、室内模型水池和风浪水槽。上图为海洋动力实验室的风浪水槽;中图为 20 世纪 80 年代初建成的海洋动力实验室平面波浪水池;下图为 1987 年新建的大型实验水槽。

1960 年投入使用的太平角养殖场，是海水养殖育苗、育种及教学、科研的重要基地。

小麦岛海滨实验站建于 1971 年，是我国第一个综合性海洋实验站，主要开展海水综合利用、海洋仪器、海水淡化等实验研究。

1976 年，八关山气象站建成。图为工作人员在接收气象资料。

1959 年 9 月《山东海洋学院学报》
创刊。

1978 年复刊的《山东海洋学院学报》

支撑条件 全面改善

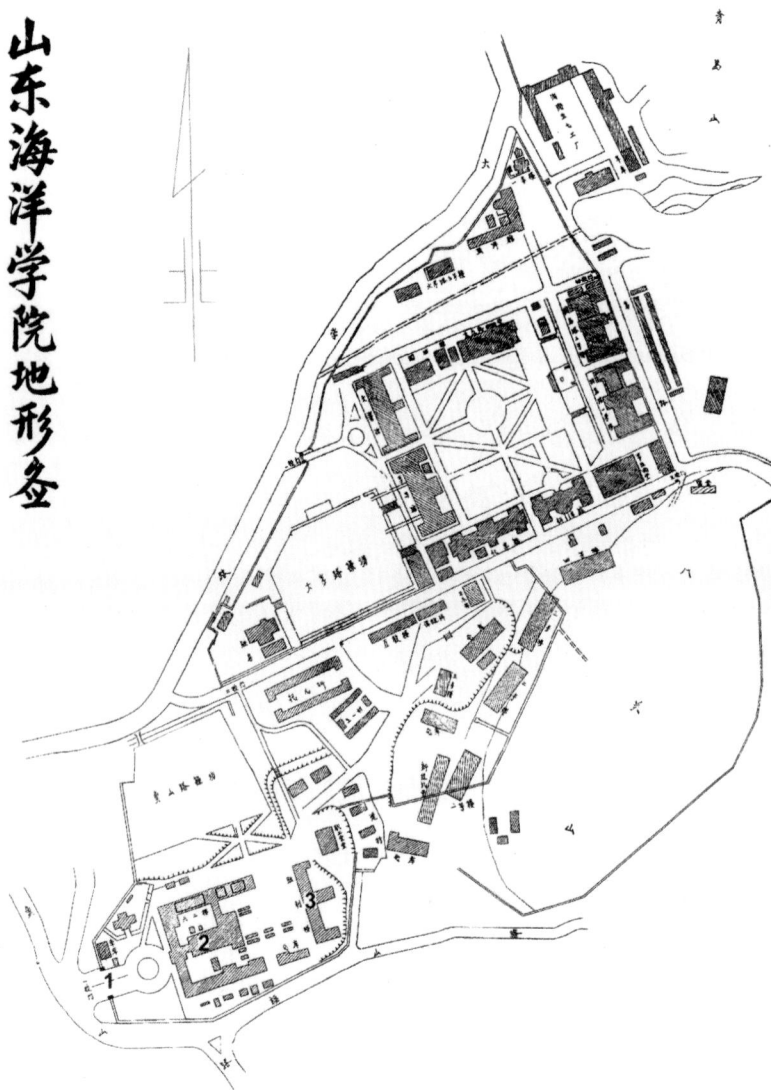

山东海洋学院地形参

校园平面示意图

20 世纪 60 年代校园建设现场

1975 年，学校接收我国第一台晶体管计算机，维修后投入使用。图为技术人员在组装计算机。

赫崇本教授(左)听取计算机室主任徐斯关于第一台计算机使用情况的介绍。

1959 年，学校图书馆藏书约 13 万册,1965 年增至 35 万余册。图为教师在图书馆查阅资料。

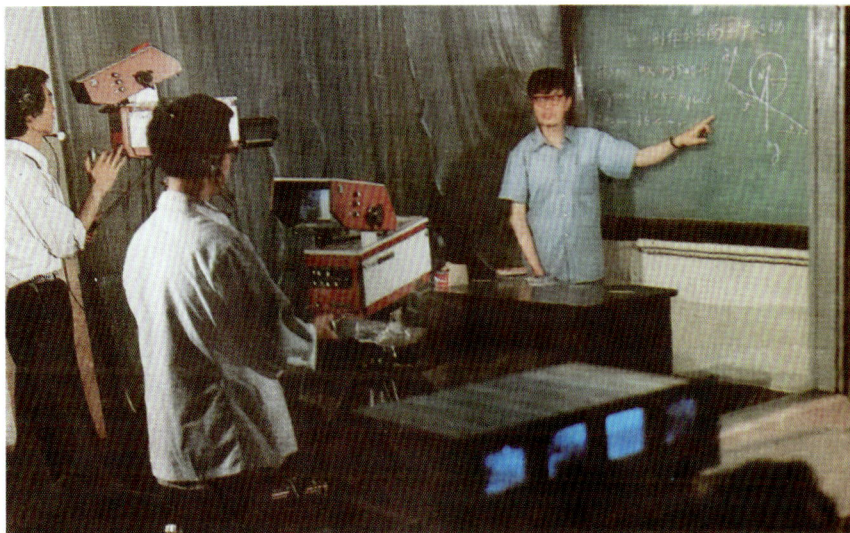

电化教学中心在录制教材。

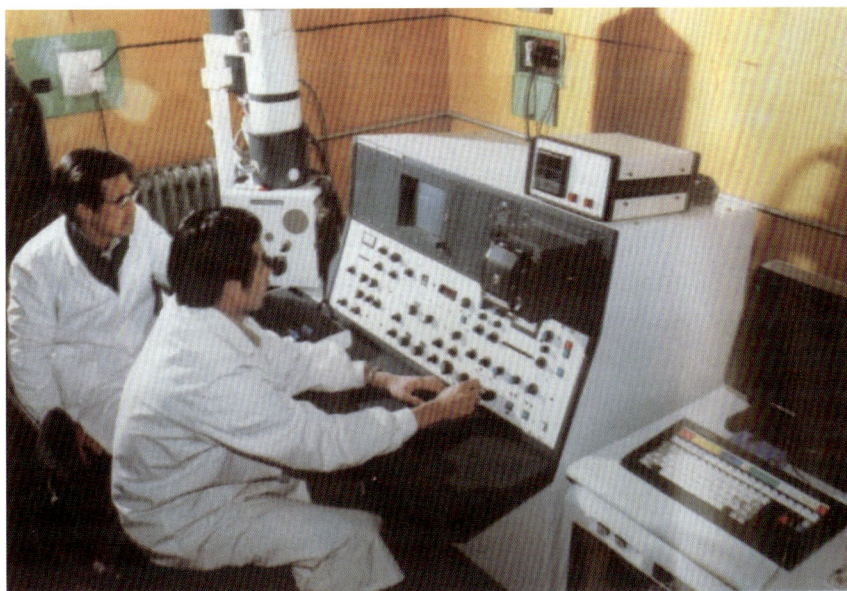

1984 年 5 月，学校获世界银行贷款 390 万美元，重点支持建设物理海洋
实验室、分析测试中心、海洋调查实验室等。图为建成后的测试中心扫描
电镜实验室。

1985 年 9 月，新建图书馆启用，总建筑面积 6670 平方米。

1981 年 12 月，新建教学楼竣工，建筑面积 6800 平方米，可同时容纳 3000 多名学生上课，为适度扩大办学规模提供了必要条件。

学校食堂

电话班工作人员转接电话。

建造"东方红"船

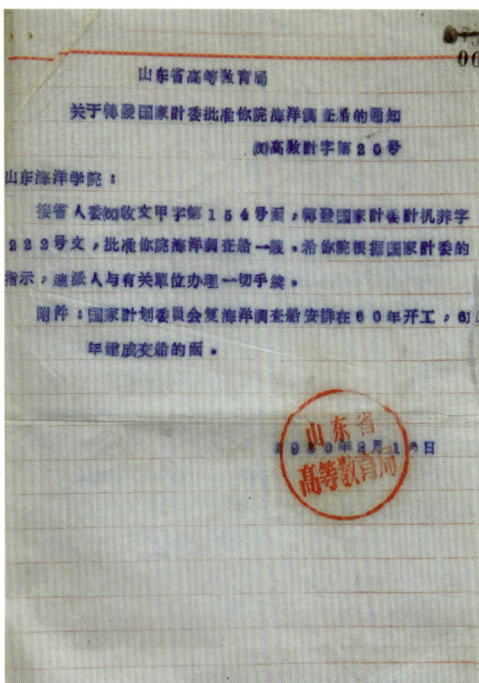

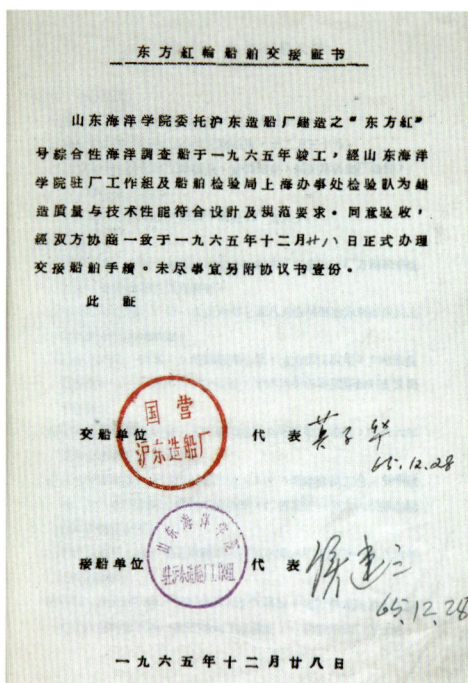

1959 年 10 月，学校报请国家计委等部门批准建造海洋调查船。左图为 1960 年 1 月，国家计委批复文件。右图为 1965 年 12 月，"东方红"海洋实习调查船交接文件。

1964 年 7 月，建造中的"东方红"船。

1965 年 11 月，"东方红"船在吴淞口和青岛海区开展重载试航和试验海上调查。图为试航中的"东方红"船。

1966年2月，"东方红"船移交国家海洋局北海分局编入第一调查船大队。图为1968年12月"东方红"船全体工作人员合影。

1980年6月，教育部部长蒋南翔（右一）考察"东方红"船。

1981年"东方红"船海上调查和学生实习计划。

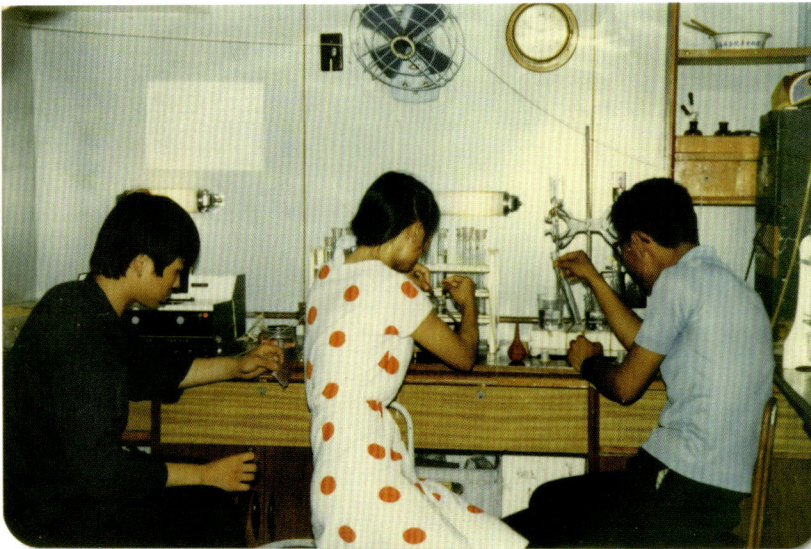

学生在"东方红"船上实验室分析样品。

海洋调查实习

调查队在"东方红"船上采集海洋生物样品。

1984 年 7 月，学校老领导考察"东方红"船。

航行在青岛前海的"东方红"船

对外交流与合作

山东海洋学院建院初期，接收的留学生主要来自越南和朝鲜，专业以生物、水产为主。图为留学生与水产系学生一起做实验。

1963 年 11 月，越南海洋科学研究代表团参观实验室。

加拿大贾福祥教授（中）来校讲学期间与生物系教师合影。

1977 年 4 月，外宾考察实验室。

1977 年 8 月，塞内加尔代表团参观实验室

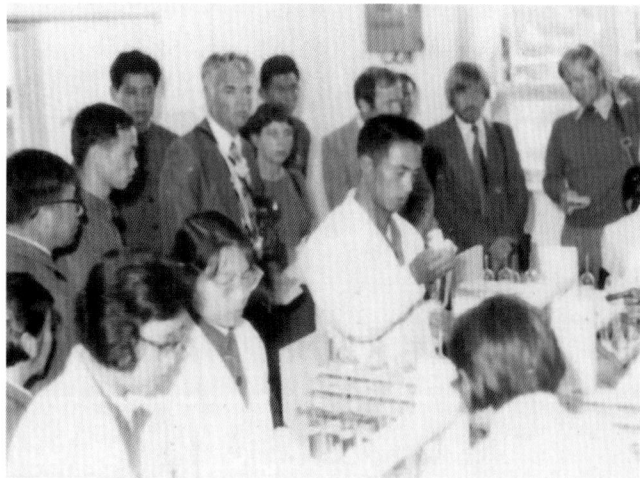

1977 年，加拿大代表团参观实验室。

1978 年 6 月，美国植物学专家代表团来访问。

1978 年 10 月，美国海洋代表团来校访问。

1979 年 5 月，日本东京水产大学访华团来校访问。

海洋生物系李冠国（前左一）就海洋环境生态课题与国外学者探讨。

1981 年，1977 级学生赵玉琪（右）考取教育部首批计划内出国预备生。

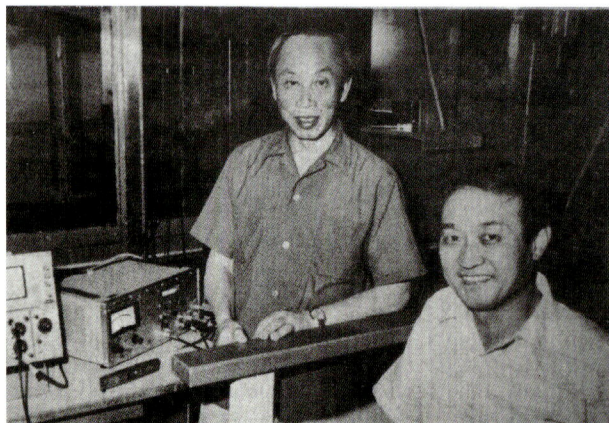

20 世纪 80 年代初，陈成琳（左）受邀赴美国特拉华大学进行合作研究。

1981 年，物理海洋与海洋气象系方欣华（右）在澳大利亚大气研究所流体力学实验室开展合作研究。

1984 年，苏联远东科学院代表团来校商洽合作事宜。图为文圣常（中）、冯士筰（左二）等与代表团合影。

1984 年，方宗熙（中）在美国俄勒冈州立大学作学术报告。

1985 年，张学成（左二）赴加拿大科学院大西洋研究所做访问学者期间与实验室工作人员合影。

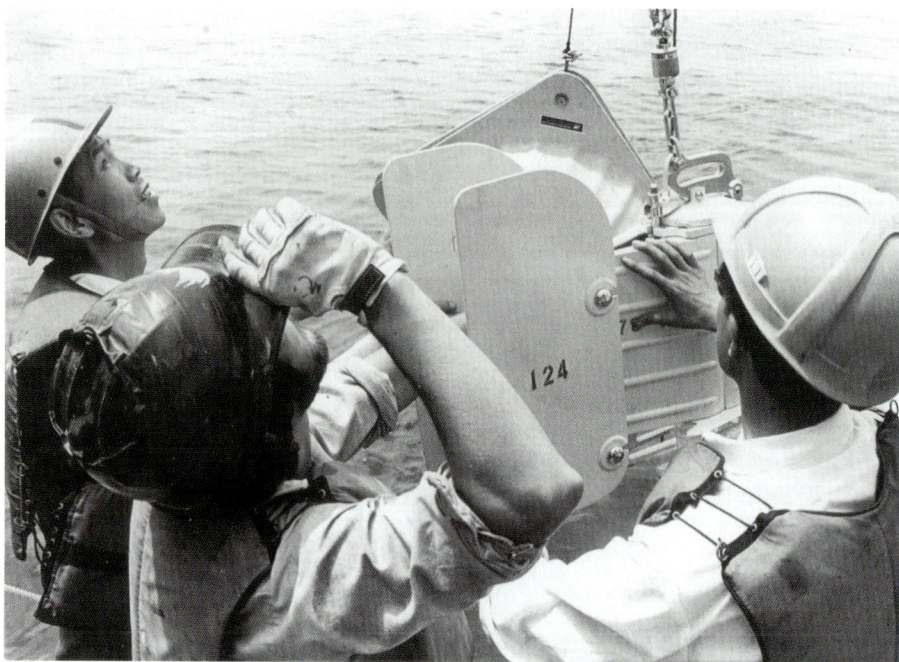

1980 年中美长江口联合调查中，调查队员布放国产海流计。

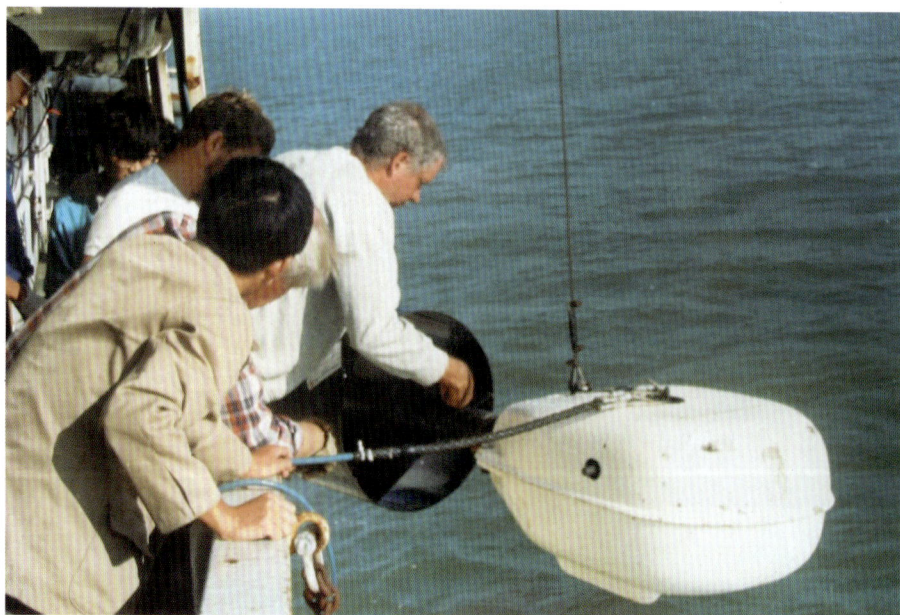

1985 年 6 月，学校与美国俄勒冈州立大学联合调查队布放观测设备。

1985 年，中法联合调查队在黄河口采样。

1986 年，学校与德国汉堡大学签署合作协议，中德海洋合作启动。图为冯士筰（中）与德国汉堡大学海洋研究所所长 Jürgen Sündermann 讨论联合调查事宜。

1986 年，王景明（右）、侍茂崇（左）参加在苏联纳霍德卡召开的太平洋海洋科学学术讨论会。

1986 年 11 月，国际浅海海湾、河口及陆架物理学学术讨论会开幕式。

1983 年 10 月，山东海洋学院等 17 所高校组成的访日代表团乘"东方红"船赴日本访问。

1987 年 5 月，学校与日本鹿儿岛大学联合开展海洋调查。图为联合调查启航仪式。

校园生活 精彩纷呈

学生用餐。

1959 年校运会开幕。

校领导曲相升（右）、高云昌（左）、刘欣在附中农场参加劳动。

学生在太平角海带养殖场参加劳动。

教师在 1960 年元旦献礼会上表演节目。

1965 年，全国部分大专院校学生到部队下连当兵接受锻炼。图为首批下连当兵学生在部队合影。

1960 年底，学校领导与下基层干部在驻地合影。

1976 年，学校派驻青岛城阳女姑村农业学大寨工作组在驻地。

学生参加英语演讲比赛

1980 年春，学生会部分成员在青岛八大关海滨合影。

学校乐队演出

20 世纪 80 年代，学生在青岛汇泉湾进行操桨划船训练。

精武国术队部分成员

学生在打篮球。

1984 年，学校代表队在青岛市大学生田径运动会上。

1980 年，学校篮球队部分队员合影。

20 世纪 80 年代末，水产学部师生参加学校运动会留影。

1984 年 3 月，我国著名诗人、学者、民主战士闻一多雕像在"一多楼"前落成。

第四篇

因海而兴　跨越发展

第六章
青岛海洋大学时期

　　1988 年 1 月，经国家教委批准，学校更名为青岛海洋大学，校名由改革开放总设计师邓小平题写。施正铿任校长，之后曾繁仁任党委书记，管华诗任校长（后兼任代理党委书记）、党委书记，1999 年冯瑞龙任党委书记。

　　20 世纪 90 年代，学校实现国家教委与山东省人民政府共建体制，顺利进入国家"211 工程"建设序列。浮山校区投入使用，缓解了办学空间紧张局面。学校不断推进课程体系、教学内容、教学方法、考试方法改革，教育教学水平和学生培养质量受到社会各界认可，"学在海大"声名远播。

　　学校承担了大量国家科技攻关、"863 计划""973 计划"、国家自然科学基金及地方政府、大型企业的科研课题和技术研发，科研成果的水平和层次大幅提高。6 个学科获准进入教育部"长江学者奖励计划"，文圣常、管华诗、冯士筰先后当选中国科学院院士、中国工程院院士，9 人获国家"杰出青年科学基金"资助或入选国家人才计划。海洋科学等 3 个学科成为博士授权一级学科，有博士后流动站 5 个、博士点 10 个、硕士点 28 个，高层次人才培养格局初步形成。有本科招生专业 38 个，覆盖理、工、农（水产）、医（药）、文、经、管、法八大学科门类，学校发展为一所特色鲜明的综合性大学。

建设国内一流大学

1988年1月，国家教委批准学校更名为青岛海洋大学。图为鱼山路校门挂牌。

冉祥熙
1988 年 1 月至 1992 年 7 月
任党委书记

施正铿
1988 年 1 月至 1993 年 7 月
任校长

曾繁仁
1992 年 7 月至 1994 年 6 月
任党委书记

管华诗
1993 年 7 月至 2002 年 10 月
任校长
1994 年 6 月至 1999 年 9 月
任党委书记

冯瑞龙
1999 年 9 月至 2002 年 10 月
任党委书记

1994 年 10 月 25 日，学校举行建校 70 周年庆祝大会。

1996 年 1 月，学校通过"211 工程"部门预审，图为预审会会场。

1999 年 9 月 24 日，党委书记管华诗在中国共产党青岛海洋大学第七次代表大会上作报告。

2000 年 7 月，学校第三届教职工代表大会第一次会议审议通过《新高水平特色大学建设方案框架》和《青岛海洋大学校内分配制度改革方案》，明确推进实施教育部、山东省政府、青岛市政府、国家海洋局四家共建。

2000 年 12 月，以实行岗位聘任和岗位津贴制度为主要内容的学校校内人事分配制度改革启动。图为校聘关键岗位评审答辩现场。

2001年2月27日，教育部、山东省人民政府、国家海洋局、青岛市人民政府共同签署《关于共建青岛海洋大学的协议》。"四家共建"体制的实施，为学校首批进入"985工程"奠定了坚实基础。

特色综合协调发展 学科建设成效显著

文圣常
研究领域：海浪谱与数值模拟
1993 年当选中国科学院院士

管华诗
研究领域：海洋药物及海洋生
物资源综合开发利用
1995 年当选中国工程院院士

冯士筰
研究领域：物理海洋学、环境
海洋学
1997 年当选中国科学院院士

李庆忠
研究领域：地球物理
1995 年当选中国工程院院士
2001 年受聘为学校双聘院士

刘鸿亮
研究领域：湖泊环境、环境工程
1994 年当选中国工程院院士
2001 年受聘为学校双聘院士

993 年 4 月，工程学院成立。

1993 年 4 月，海洋环境学院成立。

993 年，外国语学院成立。图为学生上听力课。

1994 年 7 月，海洋生命学院成立。

1995 年 5 月，海洋地球科学学院成立。

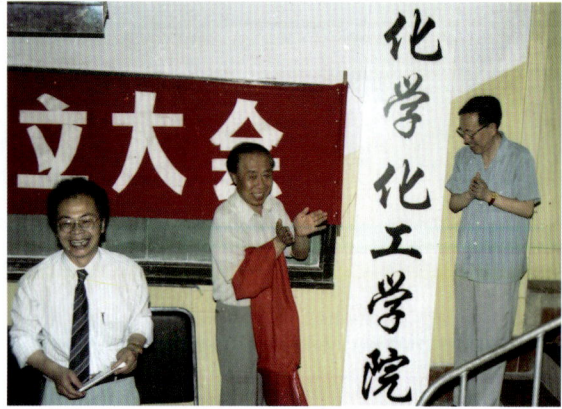

1996 年 7 月，化学化工学院成立。

1996 年，海尔经贸学院揭牌。

1998 年 5 月，法学院成立。

2002 年 4 月，中国语言文化学院更名为文学院，中国当代作家王蒙受聘为文学院院长。王蒙在学校建立"驻校作家"和"名家课程"制度，推动了人文学科的发展。图为校长管华诗为王蒙颁发聘书。

截至 2001 年底，学校共有博士点 15 个，在校博士生 417 人。图为水产学院部分博士生导师在实验室。

物理海洋教育部重点实验室研究团队在实验室交流。

1999 年 4 月，环境海洋学、海洋气象学、海洋地质学、海洋化学、海洋物理学五个重点学科和海洋药物、海洋生物工程、海洋物理化学、电子信息系统四个重点实验室通过省级验收。

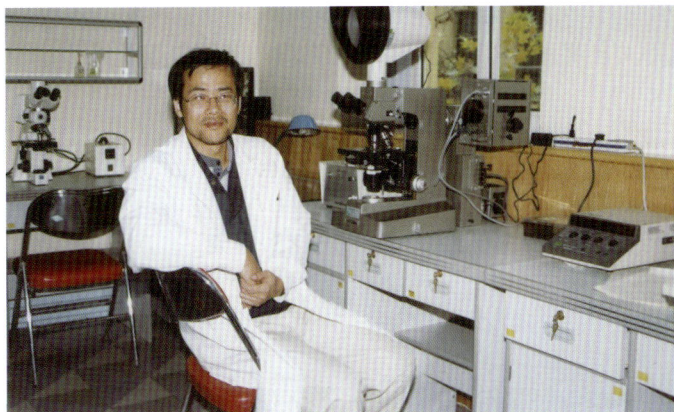

1998 年，海洋药物、水产养殖两个学科设置"长江学者"
特聘教授岗位。图为首位特聘教授宋微波在实验室。

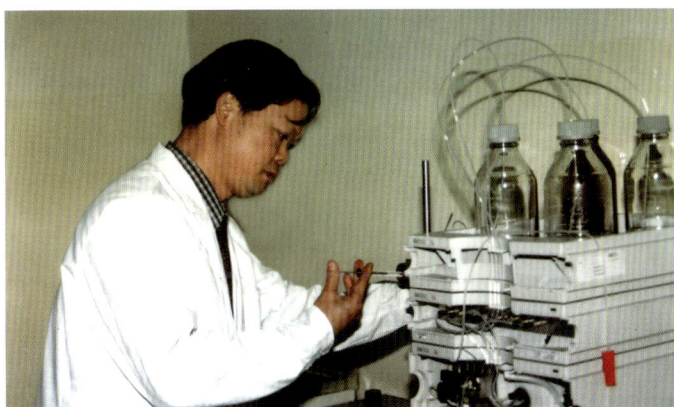

1999 年，学校物理海洋、海洋生物、海洋遥感三个学科入
选教育部第二、三批"长江学者"特聘教授岗位名单。图为
特聘教授麦康森在实验室。

"长江学者"特聘教授陈戈

教风严谨潜心育人 "学在海大"声名远播

1988 年，全国优秀教师汪人俊在毕业式上致辞。

1991 年，全国优秀教师周天华（左二）与学生交流。

1993 年全国优秀教师张正斌（右一）在实验室指导学生。

高教研究室主任陈宗镛作"搞好教学评估 确保教学质量"的报告。

1989 年，学校在山东省率先试行学校、用人单位、毕业生三方见面、双向选择的毕业生就业方案。图为 1989 年 1 月毕业生供需见面洽谈会现场。

学生在阶梯教室上课。

学校重视基础课教学。图为学生在语音室学习。

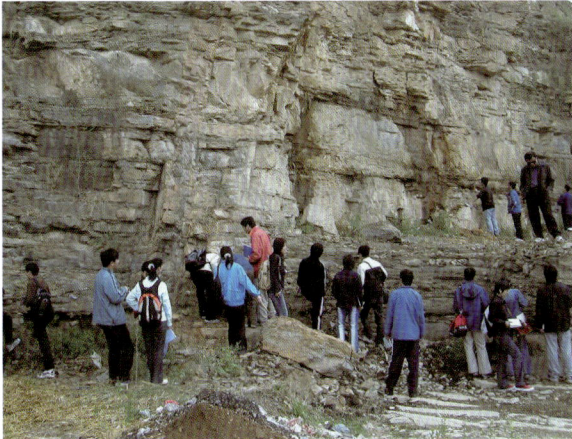

海洋地质学专业学生进行地质认知实习。

2000 年水产养殖系学生在养殖场实习。

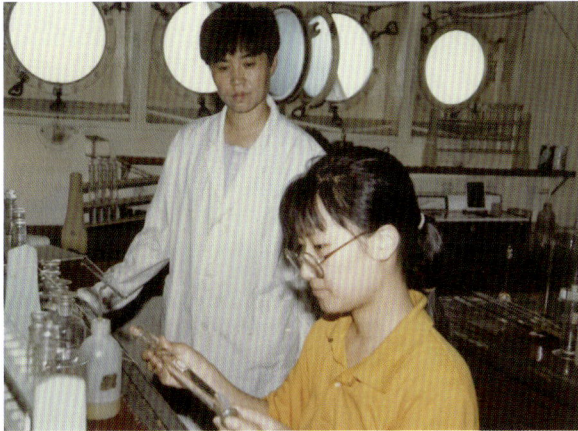

教师在"东方红"调查船上指导学生实习。

工程学院学生在实验室上课。

2000 年 11 月，首届海洋类和水产类本硕连读强化班开班。

2002 年 6 月，青岛海洋大学雅思国际教育中心揭牌，青岛成为全国五个留学硕士预科教学基地之一。

2002 年 4 月，海军依托青岛海洋大学选拔培养干部签约。

学校领导为"赫崇本海洋科学优秀青年奖励基金"获得者颁奖。

2000年，文圣常院士捐资设立"文苑奖学金"。图为文圣常院士为获奖学生颁奖。

1991 年 10 月，青年教师王成海、叶立勋在海岛调查潜水作业时英勇牺牲，被批准为革命烈士。图为王成海（右）、叶立勋在调查中合影。

2000 年 9 月，港口航道与海岸工程专业 1997 届毕业生郝文平，在施工现场为保护施工船只壮烈牺牲，被追记二等功，追认革命烈士。

学校培养的我国水产品加工与贮藏学科第一位博士薛长湖在实验室。

1995 年，1990 届博士毕业生赵进平（左二）参加我国首次民间北极考察。

2002 年 3 月，我国神舟三号飞船发射成功，20 名校友直接参与发射工作。图为部分校友在发射基地。

文圣常院士在"东方红2"船上指导研究生。

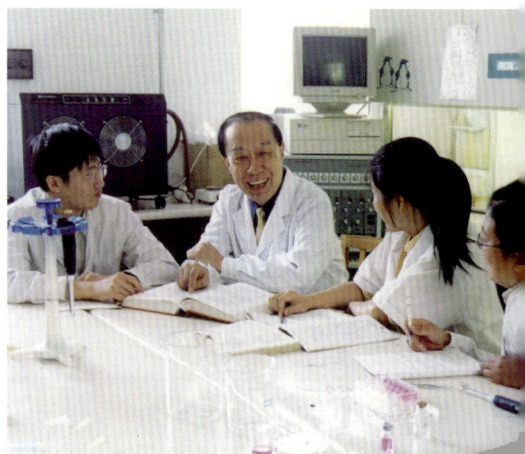

管华诗院士指导研究生。

冯士筰院士指导学生。

李庆忠院士指导研究生。

1988年海洋化学系论文答辩现场

物理海洋专业博士论文答辩会

1995 年 7 月，部分毕业博士研究生与导师合影。

2002 年 6 月，青岛海洋大学毕业研究生合影。

聚焦科技前沿 助力蓝色经济

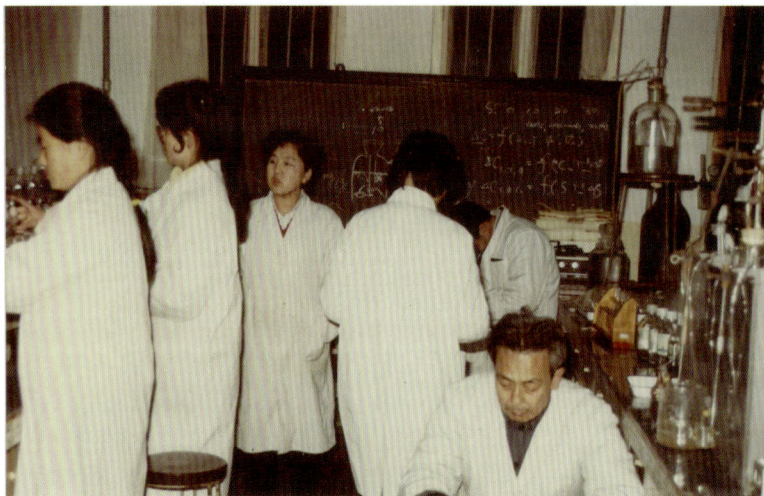

1989 年，科研人员在进行海上溢油处理研究。

20 世纪 90 年代初，学校先后参加了青岛市、山东省海岛及海岸带调查项目。图为水产学院陈大刚等在进行海岛调查。

1993年，工程学院侯国本与钱伟长、费孝通、曾呈奎等筹备黄河三角洲开发会议。

1993年，冯士筰在"八五"攻关专题"风暴潮数值预报产品研究"工作会议上汇报研究进展。

1993 年 6 月，青岛海洋大学华海制药厂奠基。1995 年 1 月，山东省海洋药物工程中心成立，1996 年获批国家级海洋药物工程中心，华海制药厂成为工程中心中试和工程化基地。图为管华诗（中）等在华海制药厂建设现场。

1995 年 7 月，联合国教科文组织生物工程委员会"中国海洋生物工程中心"在海洋生命学院成立。图为中心主任徐怀恕（中）在实验室。

1995 年 6 月，海洋生命学院崔竞进（右）在海带养殖场查看海带生长情况。

水产学院王如才主持完成"863 计划"项目"牡蛎三倍体育苗与养殖技术研究"，2001 年被授予"863 计划"突出贡献先进个人。图为王如才在牡蛎育苗场。右下图为三倍体牡蛎新品种与二倍体品种对比。

2001年9月，水产学院李德尚（右一）在养殖场开展网箱养殖技术指导。

1989年，冯士筰等完成的成果"拉格朗日余流和长期输运过程——一种三维空间弱非线性理论"获国家自然科学奖三等奖。图为主要完成人冯士筰（中）、奚盘根（右）、孙文心在一起。

1990 年，郑国星课题组研制的"宽视角水下激光电视"获国家发明奖三等奖。

1991 年，文圣常（前左二）课题组项目"风浪频谱的改进及应用"获国家自然科学奖四等奖。

1991年，文圣常、冯士筰等承担的国家"七五"重点科技攻关项目"海洋环境数值预报业务系统"获"七五"科技攻关重大成果奖。图为"海浪数值预报研究"专题鉴定验收会现场。

1991年，贺明霞（前左）团队成果"海洋光学探测及信息处理"获国家"七五"科技攻关重大成果奖。

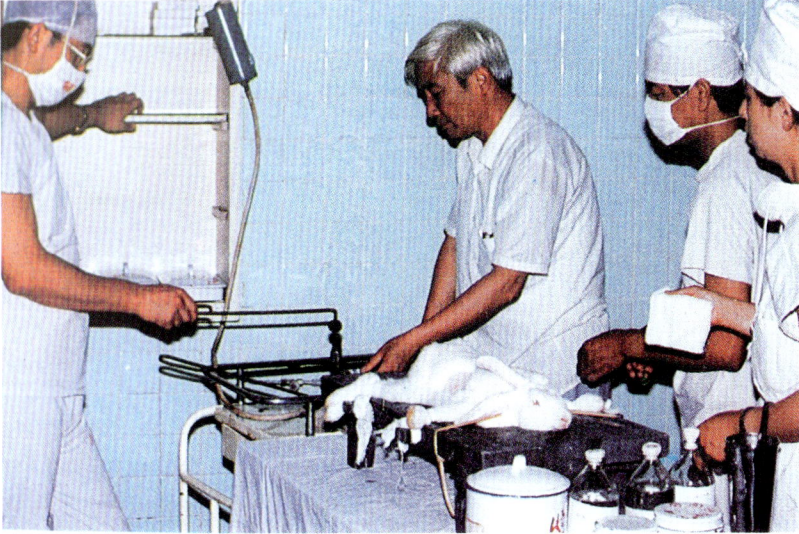

1991 年，楼宝城（左二）团队成果"生物敷料膜生产工艺"获国家发明奖三等奖。

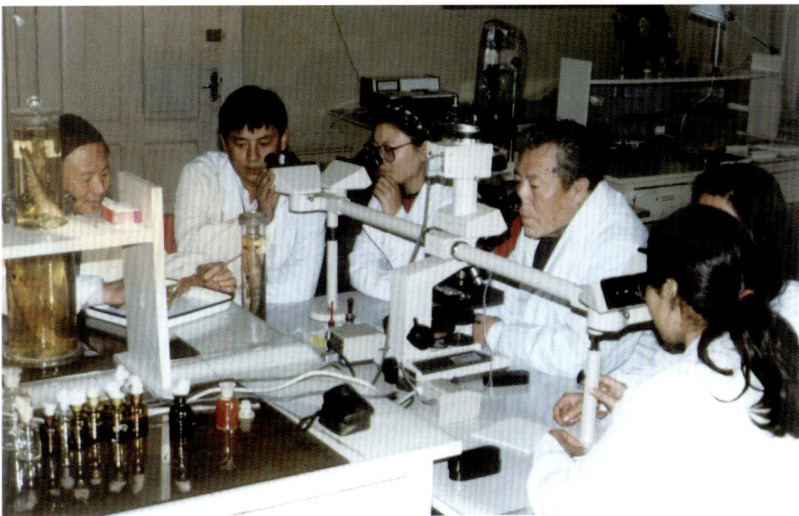

1993 年，孟庆显（右三）团队成果"养殖对虾疾病调查及主要疾病防治的研究"获国家科技进步奖三等奖。

1995年，武云飞团队成果"青藏高原鱼类研究"获国家自然科学奖四等奖。

1996年，文圣常团队成果"灾害性海浪数值预报产品的研制"获国家"八五"科技攻关重大成果奖；1997年"海浪数值预报方法"获国家科技进步奖三等奖。

1996年，管华诗团队成果"新药藻酸双酯钠的研究"获国家科技进步奖三等奖。

1996年，侍茂崇（右）团队成果"南大洋磷虾资源考察与开发利用研究"获国家"八五"科技攻关重大成果奖。

1996年，杨作升（左二）团队成果"冲绳海槽中部和钓鱼岛附近海域勘察"获国家"八五"科技攻关重大成果奖。

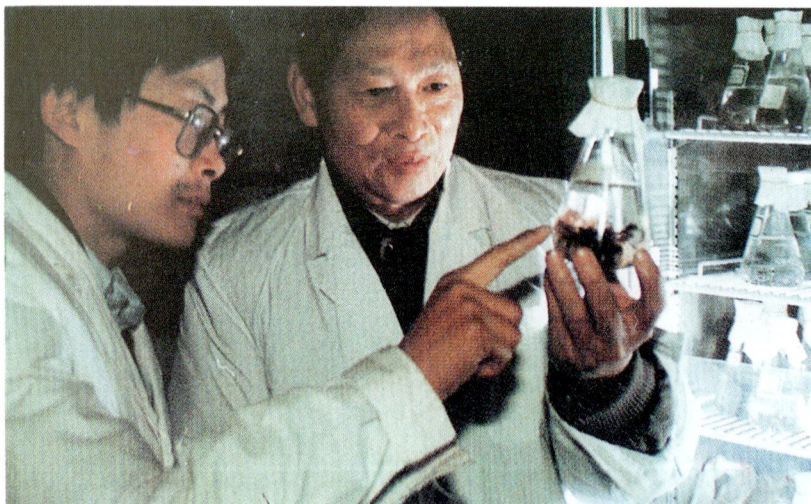

2000年，戴继勋（右）团队成果"大型海藻生物技术研究及其应用"获国家科技进步奖二等奖。

2000 年，陈宗镛团队成果"中国沿岸现代海平面变化及其应用研究"获国家科技进步奖二等奖。

2001 年 6 月，刘秦玉（右）等合作完成的论文在 *Science* 发表，实现了学校在该刊发表文章零的突破，也是我国物理海洋领域在该刊发表文章零的突破。

建设浮山校区 拓展办学空间

1986年9月，学校筹建新校区。1987年12月，山东省土地管理局同意学校征用崂山县（今青岛市崂山区）土地336.85亩，用于拓展办学空间。图为学校领导在现场考察。

新校区原始地貌

筹建处工作人员合影。

校区启用前各部门工作人员合影。

1992 年 1 月，综合楼竣工验收。

建设中的教职工宿舍区

1992 年 3 月，麦岛校区启用，460 名新生入驻。

1996 年 7 月，国家教委主任朱开轩（右二）视察麦岛校区。

军训动员

1997 年 9 月，新生及家长在餐厅就餐。

香港东路校门

2002 年麦岛校区全貌

建造"东方红 2"船

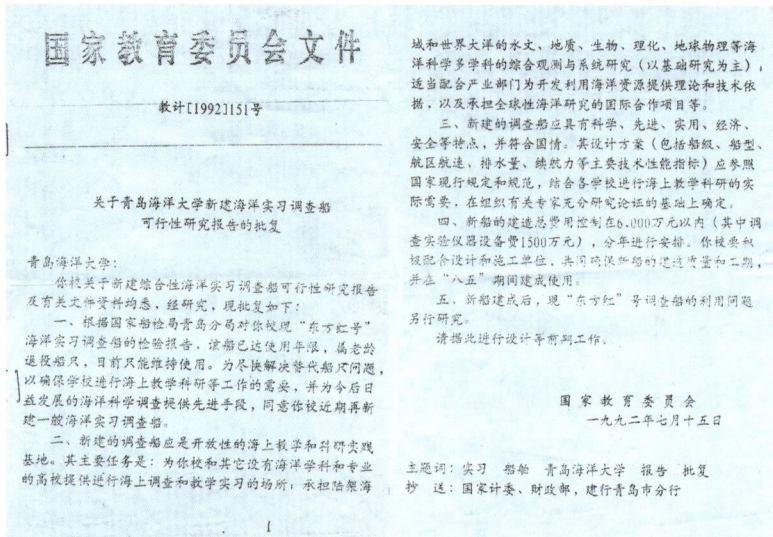

1992 年 7 月，国家教委批复同意学校新建海洋实习调查船的文件。

1992 年 8 月，新建海洋实习调查船方案设计审查会会场。

1995 年 7 月 15 日，"东方红 2" 船下水。

1995 年 12 月，"东方红 2"船正式交船。图为接船工作组合影。

1996 年 1 月，航行在青岛前海的"东方红 2"船。

1996 年 1 月，"211 工程"部门预审专家组考察"东方红 2"船。

1996 年 11 月，"东方红 2"船首航韩国釜山及日本下关、鹿儿岛，并在返航途中开展科学考察。图为访问团在"东方红 2"船上合影留念。

深化交流合作 提升国际影响力

1988 年 9 月，校长施正铿向来访的苏联科学院副主席伊里切夫院士赠送纪念品。

1990 年 9 月，学校代表团参加第 11 届苏中海洋学讨论会。

1986 年，学校与德国汉堡大学签署合作协议。图为 1998 年，合作双方在汉堡研究联合出海调查方案。

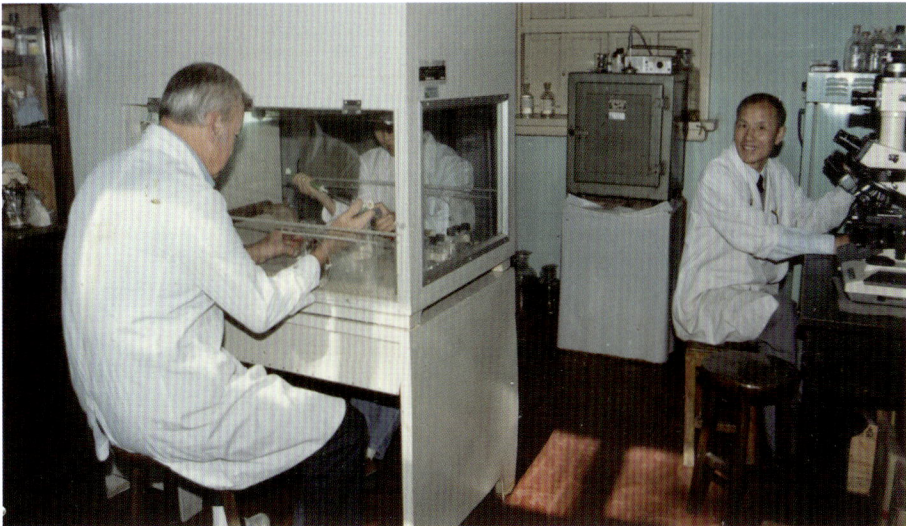

1990 年，美国专家在学校生物工程实验室开展合作研究。

1991 年 11 月，日本鹿儿岛大学代表团来校访问。

1993 年 12 月，学校与韩国国立群山大学签署合作协议。

1997 年 11 月，校长管华诗访问德国特利尔大学。

2002 年 7 月，学校和山东省科协共同主办的分子科学前沿国际研讨会开幕。

博士生导师陈修白指导留学生。

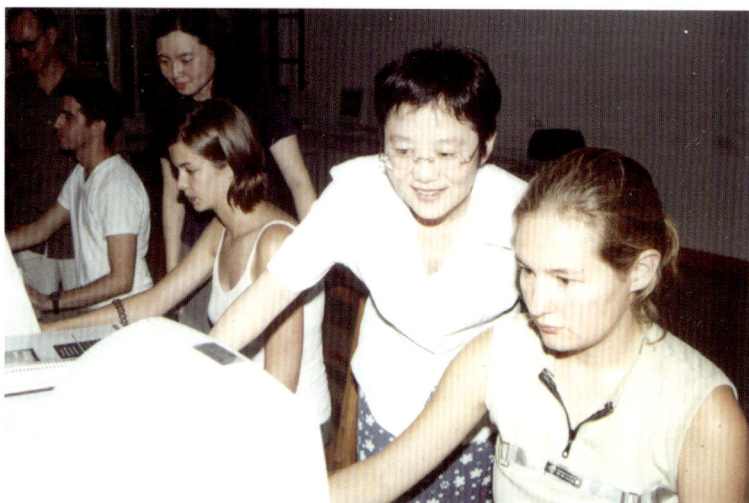

青年教师指导留学生。

外教上口语课。

留学生毕业留影

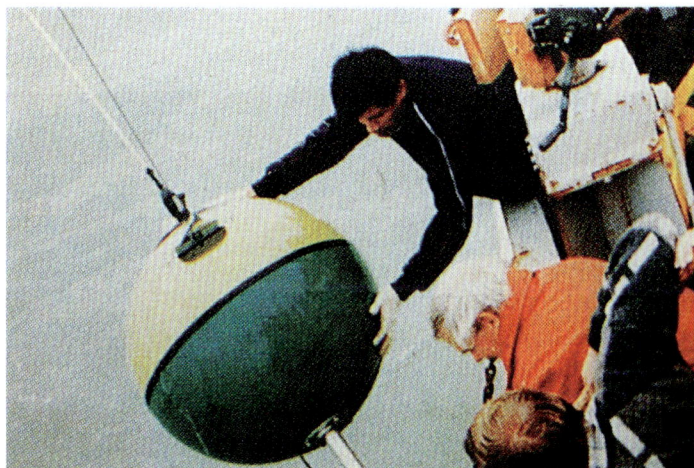

中外联合海洋调查

外教参加义务植树。

菁菁校园

1991 年 6 月，庆祝中国共产党成立 70 周年歌咏大会。

1991 年 10 月，学校领导为下乡锻炼的青年干部教师送行。

1992 年 4 月，表彰优秀青年教师和青年干部。

1992 年 10 月，师生收看中国共产党第十四次全国代表大会实况转播。

1992 年春季运动会比赛现场

军训新生在鱼山校区操场进行射击训练。

1996 年 1 月，学生签名助力"211 工程"部门预审。

1997 年 6 月，学校举行歌咏大会，庆祝建党 76 周年和香港回归祖国。

1998 年 5 月，共青团青岛海洋大学第十次代表大会对先进集体和个人进行表彰。

1999 年 5 月，学校师生集会，愤怒声讨和谴责以美国为首的北约轰炸我驻南联盟大使馆的罪恶行径。

海鸥剧社演出剧照

2001 年 2 月，"校园拒绝邪教"签名活动现场。

1999 年 5 月，学生参加"海信杯"山东省首届大学生电脑知识与技能大赛。

2000 年 4 月，校长管华诗在"海大论坛"创暨首场报告会上作报告。

2000 年大学生辩论赛总决赛

学生利用暑假考察革命老区。

2001年6月，学生在宿舍文化艺术节上表演节目。

帆船队训练。

健全支撑体系 提升保障能力

20 世纪 90 年代初鱼山校区校园鸟瞰

1990 年，由香港实业家邵逸夫先生捐资建造的逸夫海洋科技馆奠基。

1994 年 5 月，八关山土地归属确权签约。

2001 年投入使用的基础实验教学中心

1988 至 1996 年，"东方红"船累计出海 672 天，完成各项科学调查和学生实习任务。图为"东方红"船驾驶室。

20 世纪 90 年代初的"天使"船，主要承担学生近岸海上实习和"东方红"船通勤任务。

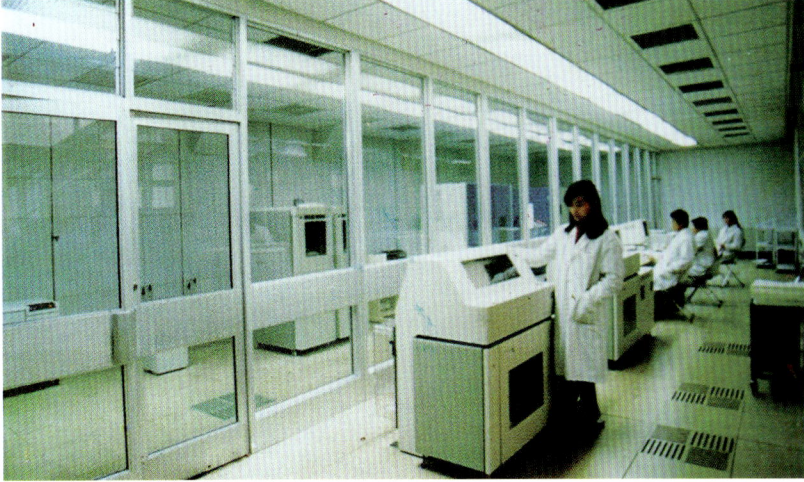

1995 年 4 月网控中心成立，图为中心机房。

1999 年 11 月，档案馆通过科技事业单位档案工作目标管理国家二级评审。

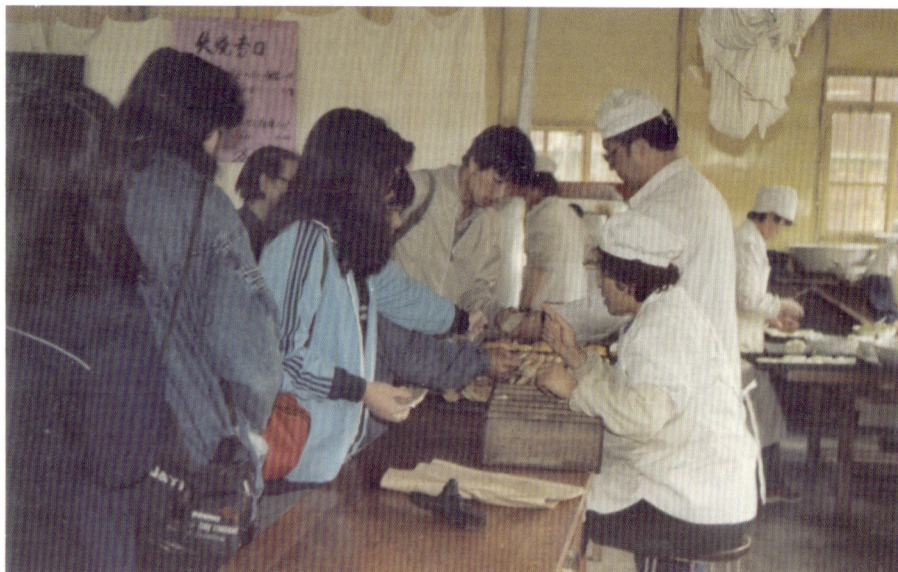

学生用餐票购买副食品。

教职工子女在鱼山幼儿园欢度儿童节。

食堂员工培训。

1999 年 3 月，后勤服务总公司成立，后勤社会化改革启动。

第五篇

谋海图强　迈向一流

第七章
中国海洋大学时期

　　世纪之交，中国高校的合并、升格如火如荼，组建一批大型综合性大学成为强势之音。"办什么样的大学，走什么样的发展之路"成为摆在海大人面前的重大课题。学校决策层审时度势，抢抓机遇，率先举起建设高水平特色大学的旗帜，全力促成"四家共建"，首批进入"985 工程"。2002 年，学校更名为中国海洋大学。

　　2005 年，吴德星接任校长。2009 年，于志刚接任党委书记，麦康森当选中国工程院院士。

　　这一时期，学校不断深化内部管理体制改革，坚持"重特色、求质量，先做强、再做大"的发展策略，坚持"强化发展特色、协调发展综合，以特色带动综合、以综合强化特色"的学科发展思路，大力实施人才强校工程，实施"通识为体，专业为用"理念指导下的本科教育运行新体系。教育部本科教学工作水平评估成绩优秀。"985 工程"二期建设成绩优异。崂山校区投入使用。学校的教育质量显著提升、科技实力显著增强、空间布局显著优化，圆满完成高水平特色大学的建设任务，昂首踏上建设国际知名、特色显著的高水平研究型大学新征程。

　　2012 年以降，中国特色社会主义进入新时代，高等教育步入高质量发展新阶段。吴立新、宋微波先后当选中国科学院院士，李华军、包振民、薛长湖先后当选中国工程院院士。2014 年，孙也刚任中国海洋大学党委书记，于志刚转任校长；之后，鞠传进、田辉先后任党委书记；2023 年 11 月，由于年龄原因，于志刚不再担任校长职务，张峻峰接任校长。

　　中国海大以习近平新时代中国特色社会主义思想为指导，全面加强党的建设，全面贯彻党的教育方针，紧扣海洋强国等国家战略需求和蓝色经济发展需要，深入实施人才强校战略、国际化战略和文化引领战略，扎根青岛，立足山东，面向世界，深耕海洋，"985 工程"圆满收官，建设绩效显著；2017 年入选世界一流大学建设高校（A 类），并高质量完成首轮建设任务，接踵进入新一轮"双一流"建设周期；西海岸校区一期工程投入使用，为下一个百年发展提供了战略空间。学校第十一次党代会确立新"两步走"发展目标，大力实施新时代党建领航工程和新时代"海大工程"。2022 年 4 月，习近平总书记考察学校三亚海洋研究院，强调建设海洋强国是中华民族伟大复兴的重大战略任务，要推动海洋科技实现高水平自立自强。总书记的讲话激励着海大人踔厉奋发，争创一流，做出无愧于党和人民、无愧于时代的优异业绩。

开启学校事业发展新征程

2002 年 10 月，教育部批准学校更名为中国海洋大学，图为揭牌现场。

冯瑞龙
2002 年 10 月至 2009 年 2 月
任党委书记

管华诗
2002 年 10 月至 2005 年 7 月
任校长

吴德星
2005 年 7 月至 2014 年 7 月
任校长

于志刚
2009 年 1 月至 2014 年 7 月
任党委书记；
2014 年 7 月至 2023 年 11 月
任校长

孙也刚
2014 年 7 月至 2015 年 6 月
任党委书记

鞠传进
2015 年 7 月至 2018 年 7 月
任党委书记

田　辉
2019 年 1 月起任党委书记

张峻峰
2023 年 11 月起任校长

2001 年，学校首批进入国家"985 工程"重点建设高校行列。图为 2004 年，"985 工程"一期建设完成，学校上报教育部的总结材料。

2004 年 10 月 24 日，建校 80 周年庆典大会会场。

2006 年 4 月，学校顺利通过国家"211 工程""十五"期间建设项目验收。图为专家组考察实验室。

2007 年 5 月，教育部、山东省人民政府、国家海洋局、青岛市人民政府签署协议，继续重点共建中国海洋大学。

2011年3月，教育部、山东省人民政府、国家海洋局、青岛市人民政府签署继续共建中国海洋大学协议。

2011年9月，中国海洋大学、上海海洋大学、广东海洋大学、大连海洋大学、浙江海洋学院共同签署《海洋大学联盟章程》。

2014 年 10 月 25 日，中国海洋大学建校 90 周年庆祝大会会场。

2017年9月，学校入围一流大学建设高校。图为学校一流大学建设方案。

2020年9月，学校"双一流"建设周期总结通过专家评审。

2010 年 4 月，山东省中国海洋大学教育基金会一届一次理事会议召开。

2011 年 4 月，中国海洋大学校友会成立合影。

2019 年 10 月 25 日，中国海洋大学建校 95 周年之际，学校联手青岛市政府举办青岛"海洋·发展"大会。

2022 年，学校先后与云南省和广西壮族自治区人民政府签署省校战略合作协议。图为校长于志刚与广西壮族自治区副主席许永锞交换协议书。

2023 年 10 月 25 日，学校举行建校 100 周年活动暨校友企业总部基地建设启动大会，公布百年校庆标识、主题词，发布校庆公告（第一号），建校 100 周年各项活动正式启动。

全面加强党的领导

2003 年 9 月，中国共产党中国海洋大学第八次代表大会召开。

2005 年 8 月 24 日，中国海洋大学保持共产党员先进性教育活动启动。

2010 年 5 月，中国共产党中国海洋大学第九次代表大会明确学校发展目标：到 2025 年将学校建成国际知名、特色显著的高水平研究型大学，到本世纪中叶力争使学校跻身特色显著的世界一流大学行列。

2017 年 1 月，中国共产党中国海洋大学第十次代表大会召开。

2018 年 6 月，中国海洋大学以"回望马克思，理解新时代"为主题的"学习新思想千万师生同上一堂课"活动现场。

2018 年 11 月，党委理论学习中心组赴青岛西海岸新区进行专题学习。

2019 年 11 月，党委理论学习中心组在企业考察学习。

2020 年 1 月，党委书记田辉在学校领导班子"不忘初心、牢记使命"主题教育专题民主生活会情况通报会上作报告。

2021 年 6 月 2 日，山东省委书记刘家义与师生交流党史学习心得体会。

2021 年 6 月 30 日，在庆祝中国共产党成立 100 周年暨表彰大会上，校长于志刚为老党员华敬炘同志佩戴"光荣在党 50 年"纪念章。

2021 年 9 月 15 日，党委书记田辉为本科新生讲授开学第一课。

2021 年 7 月，党委书记田辉在中层干部培训班结业式上为学员颁发证书。

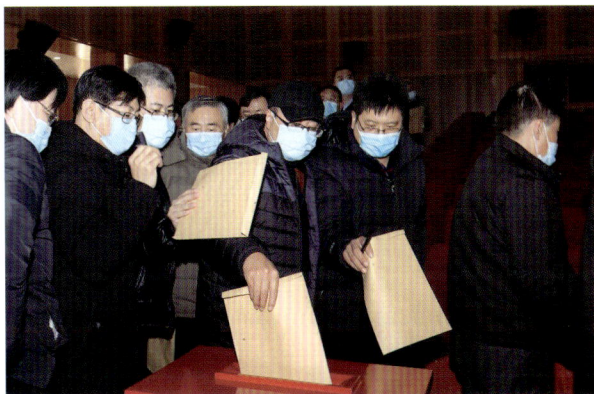

2022 年 1 月，干部教师代表对学校干部考核任用情况进行民主评议。

学校事业发展重大事项坚持科学决策、民主决策。图为学校开会讨论研究"十四五"规划和新一轮"双一流"建设方案。

2022 年春，党员先锋队分发抗疫物资。

学校重视发展党员工作，壮大党员队伍。图为法政学院新党员入党宣誓。

2021年，学校两个党支部通过教育部全国党建工作样板支部培育创建验收。自动化及测控系教工党支部将党建与教学、科研紧密结合，在教书育人和科学研究中锤炼党性。图为党支部成员在冰下机器人探测技术攻关现场。

2022 年 10 月 16 日，师生党员代表收看中国共产党第二十次全国代表大会开幕式直播。

2023 年 2 月 17 日，中国共产党中国海洋大学第十一次代表大会召开，党委书记田辉作报告。

2023 年 4 月，学校召开全面从严治党工作会议。

2023 年 4 月，中国海洋大学召开学习贯彻习近平新时代中国特色社会主义思想主题教育动员部署大会。

执行深远海科考任务期间，"东方红3"船党支部组织党员开展"主题党日"活动。

中国工程院院士包振民以"赓续红色基因 点亮蓝色生命"为题上思政课。

学校举办以"铸魂增智育新人 谋海济国谱新篇"为主题的微党课大赛，涌现出一批优秀微党课作品。图为部分获奖微党课讲课现场。

人才强校 建成高水平师资队伍

2004年，学校召开人才工作会议，就推进实施人才战略，建设高水平师资队伍进行部署。

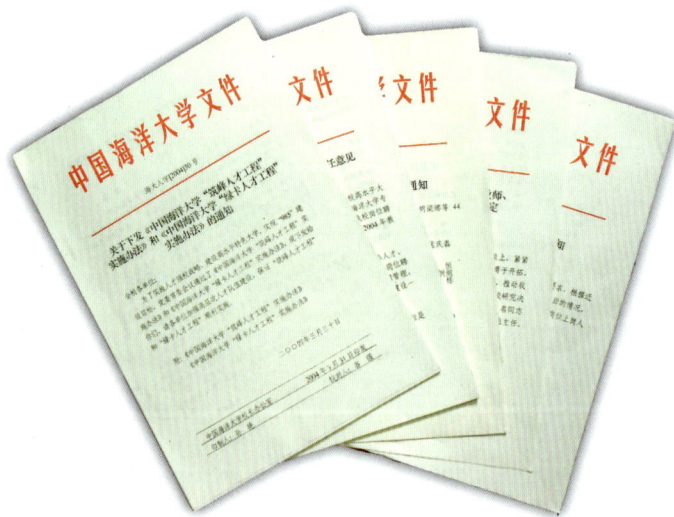

2004年，学校公布实施的系列师资队伍建设文件。

2010年1月，中国海洋大学教代会通过《中国海洋大学关于进一步完善校内岗位津贴分配制度的实施意见》，新一轮校内分配制度改革启动。

2017年12月，学校召开人才强校战略发展座谈会，围绕深化实施人才强校战略，加快推进一流大学建设进行交流。

2022年学校发布的系列师资队伍建设文件

张正斌
2003 年首届国家级
"教学名师"

高从堦
研究领域：海水淡化
1995 年当选中国工程院院士
2002 年受聘为学校双聘院士

张国伟
研究领域：构造地质与前寒
武纪地质
1999 年当选中国科学院院士
2003 年受聘为学校双聘院士

麦康森
研究领域：水产动物营养与饲料学
2009 年当选中国工程院院士

吴立新
研究领域：大气环流与气候
2013 年当选中国科学院院士
2020 年当选发展中国家科学院院士
2023 年当选欧洲科学院院士

宋微波
研究领域：纤毛虫原生动物
分类学、系统学和细胞学
2015 年当选中国科学院院士

李华军
研究领域：海岸与海洋工程
安全与防灾理论与技术
2017 年当选中国工程院院士

包振民
研究领域：扇贝遗传学与育种
2017 年当选中国工程院院士

吴德星
研究领域：海洋环流理论
与数值预测技术
2019 年当选国际欧亚科
学院院士

薛长湖
研究领域：水产品加工基础
理论与技术
2023 年当选中国工程院院士

张　驰
研究领域：分子基非线性光学及
光电功能材料
2020 年当选欧洲科学院院士
2022 年当选德国国家工程院院士

2018 年，中国海洋大学原校长管华诗院士入选"共和国老一辈教育家"。图为管华诗院士（右二）在实验室指导研究生。

2018 年，汪东风教授（右）团队入选教育部首批"全国高校黄大年式教师团队"。

2022 年，史宏达教授（右三）团队入选教育部第二批"全国高校黄大年式教师团队"。

2023 年，中国工程院院士李华军（前排中）团队入选教育部第三批"全国高校黄大年式教师团队"。

2023 年，杨连瑞教授团队入选第三批"山东省高校黄大年式教师团队"。

2005 年 11 月，国家海洋局原局长王曙光受聘学校顾问、教授和海洋发展研究院院长。

崔洪芝，2023 年获"全国三八红旗手"荣誉称号。

刘素美，2011年获"中国青年科技奖"。

李三忠，2021年获"李四光地质科学奖"。

毛相朝，2022年获"中国青年科技奖"。

刘勇（中），2022年获"科学探索奖"。

健全特色鲜明协调发展学科体系

2005 年，学校启动以学科整合与院系调整为主要内容的管理体制改革，以优化学科结构，加快重点学科建设。图为医药学院成立揭牌。

2005 年 4 月，食品科学与工程学院揭牌。

2007 年 11 月，数学科学学院揭牌。

2011 年 5 月，国家保密学院成立，加强涉海领域保密人才培养。

外国语学院设有英语系、日语系、朝鲜语系、法语系、德语系和大学外语教学部。图为德语系揭牌。

2002 年，学校成立材料科学与工程研究院和材料科学与工程系。2017 年 9 月，材料科学与工程学院成立，下设无机材料系和高分子材料系。

2018 年 9 月，学校撤销法政学院，改设法学院和国际事务与公共管理学院。图为法学院揭牌。

2018 年 9 月，国际事务与公共管理学院揭牌。学院下设政治学系、行政管理系和公共事业管理系。

2017 年 3 月，马克思主义学院成立。图为学院首届青年教师教学比赛。

2021 年，信息科学与工程学院将学院内多个一级学科分别设立学院，在各个学院的基础上成立信息科学与工程学部。图为信息科学与技术学部揭牌。

2018 年 9 月，学校海洋、水产学科首次接受国际专家组现场评估。图为专家组考查实验室。

立德树人 打造人才培养高地

2002 年教学工作会上，校长管华诗强调教学质量是学校的生存之本，提高教学质量是学校人才培养的永恒主题。图为管华诗等巡视考场。

2005 年 12 月，学校围绕本科教学和教学评估工作进行研讨，强调本科教育是立校之本、人才培养质量是学校生命线。

2007 年 10 月，教育部专家组考查学生实习。

2007 年，食品科学与工程专业接受工程教育专业认证专家组现场评估。

学校自 2001 年开始实施教学督察制度。图为督导团成员张永玲老师与青年教师交流。

2007 年 8 月教学支持中心成立。

2015 年，学校设立行远书院，强化通识核心课程教学。图为书院首届学生结业仪式。

2017 年，学校成立通识教育中心，与行远书院耦合互动，重构学校通识教育核心课程体系。

2018 年 4 月，教育部本科教学工作审核评估专家组考查学生实习。

2014 年，学校与澳大利亚塔斯马尼亚大学合作举办的海洋科学专业本科教育项目获批，是学校首个纳入全国统招计划的中外合作办学项目。图为项目首届学生毕业典礼。

2019 年，学校与美国亚利桑那大学合作的法学专业本科教育项目首届学生毕业。

海洋生命学院生物科学班是学校获批实施"强基计划"后招生的第一个班。图为班主任包振民院士为学生上开学第一课。

2019年7月，崇本学院获批成立，成为全国两个海洋科学拔尖学生培养基地之一。

2020年9月，三亚海洋研究院首届173名硕士研究生参加开学典礼。

未来海洋学院采取国际化背景下"硕—博"贯通、动态调整的培养模式。图为学院学生进行海洋地质科考实习。

2021年5月，学校与澳大利亚阿德莱德大学合作共建的中外合作办学机构海德学院成立。

学校涉海专业学生在"东方红2"船上开展调查实习。

2021年8月，学生在工程训练中心进行工程实训。

截至 2022 年，学校共获批建设国家级实验教学中心 4 个，国家级虚拟仿真实验教学中心 2 个。图为海洋学实验教学中心海洋调查实验室组织学生开展海洋调查实习。

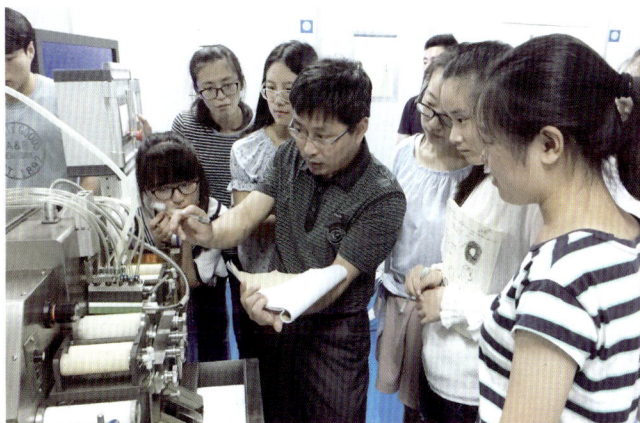

截至 2022 年，各教学单位共建设校外实习实训基地 641 个。图为医药学院学生在中国药科大学 GMP 实训中心实习。

截至 2022 年，学校与企业共建国家级工程实践教育中心 3 个。图为食品科学与工程学院学生在工程实践教育中心加工车间实习。

学校立项建设 10 个大学生创新实践基地和 1 个创新教育实践中心，开展创新创业教育。图为学生团队在老师指导下研制海洋航行器。

教育部首批"三全育人"综合改革试点单位——管理学院组织学生在学校茶园参加劳动。

创新思政课教学模式，开设公共选修课"海洋科考认知实践"。图为研究生在"东方红3"船上听取船舶性能的介绍。

实施《中国海洋大学博士研究生思想政治理论课教学改革方案》，组织引导博士生加强思政课学习。图为博士研究生参观郭永怀事迹陈列馆。

通过人才引进、强化支撑等措施，开设帆船、拳击、击剑、射箭、柔道等一系列特色课程，提升体育教学水平。

帆船运动与文化特色课程学生在训练。

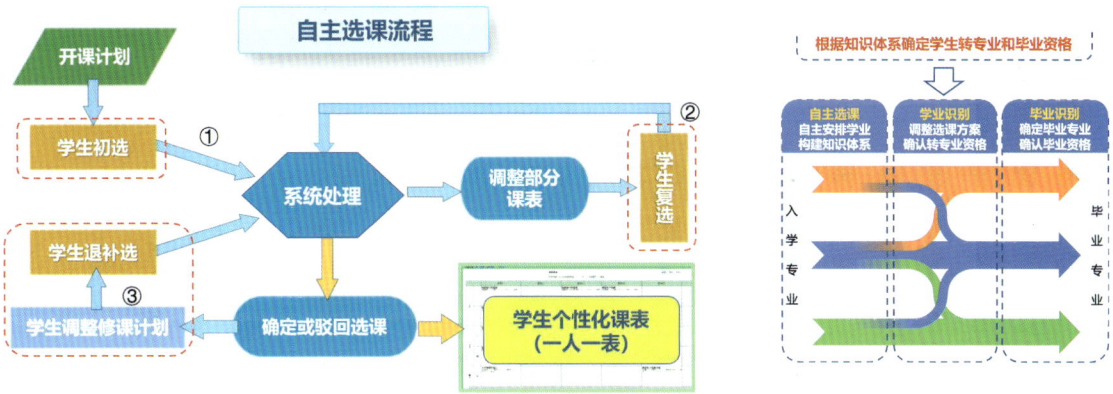

着力推进教育教学改革，以"有限条件的自主选课制"和"学业与毕业专业识别确认制"为核心的本科教育运行体系逐步完善并有效运行。图为本科教育运行体系示意图。

建立"市场导向、学校统筹、学院为主、分级负责、全员参与"的毕业生就业工作运行机制，促进招生、培养、就业的良性互动。图为2009年2月，毕业生参加第五届全国海洋类毕业生供需见面会。

学校 3 个支援服务项目获国家级立项资助。第 24 届研究生支教团"在日光城听海——海洋科普和高原思政的融合"项目获第六届中国青年志愿服务项目大赛金奖。图为支教团与藏族学生在一起。

第十五届"中国大学生年度人物"马贝（左一）在农村调研。

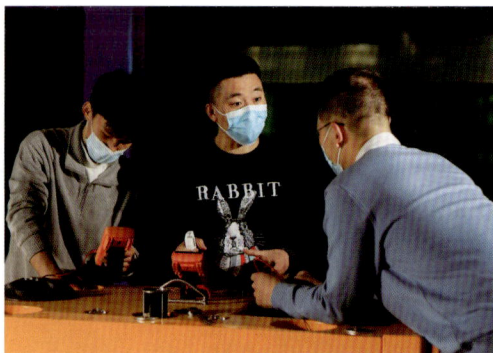

第十六届"中国大学生年度人物"郭亭亭（中）与团队成员开展技术攻关。

iGEM 团队 2014 年获评"小平科技创新团队"，2016 年在国际遗传工程机器大赛首夺全球金奖。图为队员在比赛现场。

2017 年 5 月，学校代表队参加世界大学生超级计算机总决赛获一等奖。

学校建立包括国家奖学金、国家助学金、文苑奖学金等政府及专项奖、助学金在内完善的奖、助学体系。2021 年，获奖、助本科生和全日制研究生分别占在校学生总数的约 50% 和 40%。图为 2021 年 12 月优秀学生颁奖典礼。

2003 年参加中国第二次北极科考的校友

9 名在校生参加第 29 届北京奥运会，获得金、银、铜牌各一枚。图为参加奥运会的海大学子返校后合影。

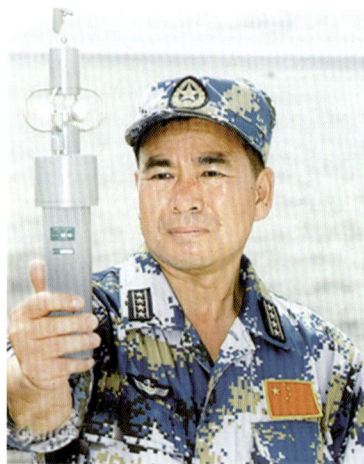

校友李文波南沙守礁 2900 多天，入选 2012 年"感动中国"年度人物，荣立一等功。

校友孙珊，2012 年获"全国五一劳动奖章"。

校友刘莹，2015 年获"全国五一劳动奖章"。

2019年6月，五八公司总裁兼CEO姚劲波作为校友代表在毕业典礼上致辞。

2019年，李馥孜获评全国高校首批"百名研究生党员标兵"。

学校国防生培养始于2002年，到2020年共计为国防事业输送国防生1452名。图为毕业国防生在出征仪式上向军旗宣誓。

管华诗（1995） 赵法箴（1995） 高从堦（1995） 张福绥（1999）

   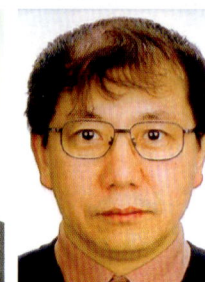

胡敦欣（2001） 麦康森（2009） 雷霁霖（2005） 张 经（2007）

焦念志（2011） 李 阳（2013） 张 偲（2013） 宋微波（2015）

包振民（2017） 蒋兴伟（2017） 薛长湖（2023） 笪良龙（2023）

截至 2023 年，学校历届毕业生中共有 16 人当选中国科学院或中国工程院院士。

2023 年，学校博士、硕士毕业生人数占毕业生总人数比例超过 60%。图为研究生毕业典礼现场。

经略海洋 科技创新能力持续增强

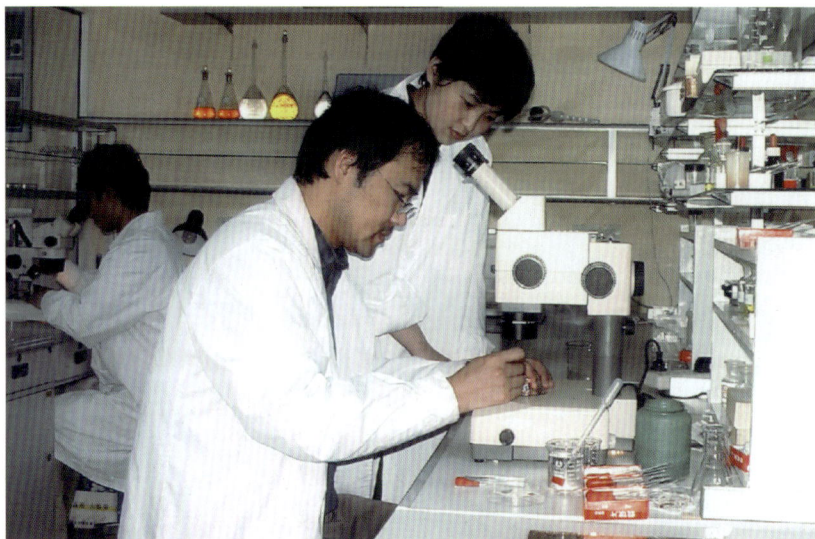

宋微波（前）团队成果"纤毛虫原生动物的分类学、发生与系统学以及生态学研究"获 2004 年度国家自然科学奖二等奖。

包振民领衔完成的"栉孔扇贝健康苗种培育技术体系建立与应用"获 2008 年度国家科技进步奖二等奖；"扇贝分子育种技术创建与新品种培育"获 2018 年度国家技术发明奖二等奖。

李华军（左三）团队成果"浅海导管架式海洋平台浪致过度振动控制技术的研究及工程应用""浅海工程安全与防灾若干关键技术及应用""近浅海新型构筑物设计、施工与安全保障关键技术"分获 2004、2010、2019 年度国家科技进步奖二等奖。

董双林（左）团队成果"低洼盐碱地池塘规模化养殖技术研究与示范""海水池塘高效清洁养殖技术研究与应用"分获 2006、2012 年度国家科技进步奖二等奖。

麦康森（右）团队成果"主要海水养殖动物的营养学研究及饲料开发"获 2006 年度国家科技进步奖二等奖。

战文斌团队成果"对虾白斑症病毒 (WSSV) 单克隆抗体库的构建及应用"获 2010 年度国家技术发明奖二等奖。

于良民（左二）团队成果"环境友好型海洋防污涂料关键技术研究及其应用"获 2007 年度国家技术发明奖二等奖。

薛长湖（右二）团队成果"海洋水产蛋白、糖类及脂质资源高效利用关键技术研究与应用""海参功效成分解析与精深加工关键技术及应用"分获 2010、2020 年度国家科技进步奖二等奖。

管华诗领衔完成的"海洋特征寡糖的制备技术（糖库构建）与应用开发"获 2009 年度国家技术发明奖一等奖。

吴德星（左）领衔完成的"海洋仪器海上试验与作业基础平台
若干关键技术及应用"获 2011 年度国家科技进步奖二等奖。

吴立新（右二）团队成果"大洋能量传递过程、机制及其气候
效应"获 2018 年度国家自然科学奖二等奖。

贾永刚团队成果"全海深海底沉积物力学特性原位测试装置""复杂深海工程地质环境原位长期监测装备"分别入选 2022、2023 中国十大地质科技进展。

学校自主研发系列深海潜标，2009 年起在中国南海成功布放、回收400 余套次。图为南海潜标观测网项目主要负责人田纪伟（左一）在潜标布放现场。

2017年3月，学校研发的大功率深海海洋电磁勘探系统成功完成我国首条深海可控源电磁探测剖面。图为项目负责人李予国（右）在作业现场。

激光雷达实验室研制的漂浮式激光雷达系统与观测浮标技术结合，实现海洋气象剖面参数的长时间连续观测。图为安装了激光雷达的浮标观测系统。

2013年，"三海"海带获国家水产新品种证书，我国海带遗传改良技术从群体选育、细胞工程育种发展到分子育种阶段。图为研究人员刘涛（右二）查看海带生长情况。

2019年5月，学校培育的牡蛎新品种长牡蛎"海大3号"通过审定，成为继"海大1号""海大2号"之后的又一国家级牡蛎新品种。图为项目负责人李琪（右三）在养殖场查看新品种牡蛎生长情况。

2002年，学校首次作为主持单位承担"973计划"项目"中国典型河口—近海陆海相互作用及其环境效应"。图为项目首席科学家翟世奎（右二）在实验室。

2020年，学校承担的"十三五"水产领域唯一的国家重点研发计划"蓝色粮仓科技创新"重点专项"水产品危害物质检测与质量控制技术"启动。图为项目负责人林洪（后）在实验室。

2016年8月，科考人员在北极布放学校研发的冰基拖曳式浮标。该浮标可实现北极气—冰—海环境全年实时监测，并在国际上首次实现对冰底海洋环境要素的高分辨率剖面观测。

2019年，作为"透明海洋"观测系统的重要组成部分，西北太平洋黑潮延伸体观测系统基本建成。图为"东方红3"船在西北太平洋海域布放自主研制的观测浮标。

2018 年 7 月，由中国海洋大学、中国科学院上海药物所和上海绿谷制药联合研发的治疗阿尔茨海默病新药"甘露寡糖二酸（GV-971）完成临床三期试验顺利揭盲。图为揭盲信息发布会合影。右图为 2019 年获批上市 GV-971（甘露特纳胶囊）。

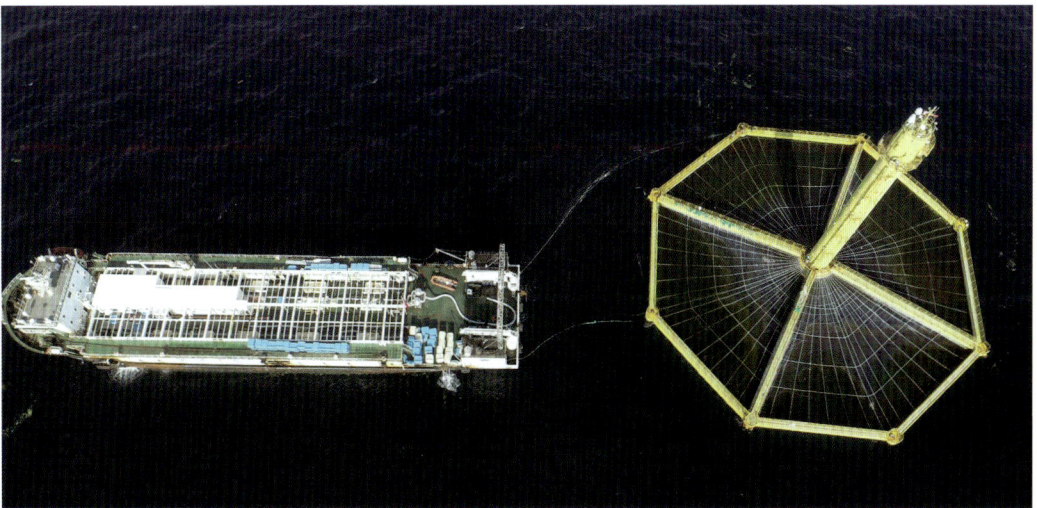

2021 年 6 月，采用学校浮箱捕捞、网箱附着生物清除等专利技术的"深蓝 1 号"全潜式深海养殖网箱成功收鱼。

学校发挥技术人才优势助力国家脱贫攻坚和乡村振兴战略。图为汪东风在云南绿春县指导茶叶生产。

2020年7月，水产学院孙世春团队在西藏那曲双湖其香错开展卤虫资源调查。

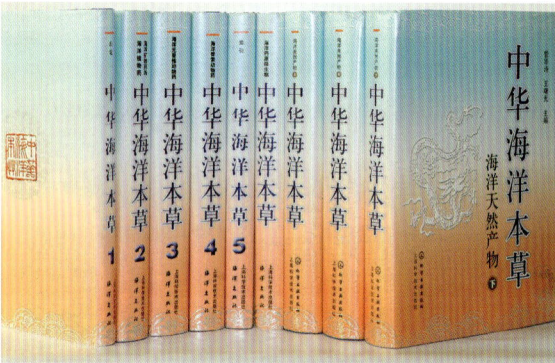

2009年9月，我国海洋药物领域首部大型志书《中华海洋本草》首发。

2023年，学校牵头完成的专著《中国海洋科学2035发展战略》出版。

2012年，学校首个国家社会科学基金重大项目"中国海洋文化理论体系研究"获批。图为项目负责人曲金良作报告。

2015年9月，我国第一部主要由高校完成的《北极地区发展报告》发布。图为报告主编刘惠荣在极地。

学报坚持"学术立刊、专家办刊、特色强刊、服务兴刊"理念，突出海洋和水产办刊特色。图为2019年5月，在学报首届学术年会上，党委书记田辉向中国工程院院士李华军颁发《中国海洋大学学报（自然科学版）》主编聘书。

2019年5月，学校与华为技术有限公司签约共建"智能高性能计算技术联合实验室"。

2020年12月，青岛海洋食品营养与健康创新研究院成立。

2023年1月，学校与福建泉州、石狮两市人民政府共建的海洋生物产业研究院揭牌。

2023年2月，学校与海尔集团签署共建海尔—海大产业技术研究院协议。

2005 年 6 月，教育部人文社科百所重点研究基地之一海洋发展研究院揭牌。

2007 年 6 月，中国海洋大学国家文化产业研究中心成立，是全国首批 5 个国家文化产业研究中心之一。

2009 年 9 月，学校人文社会科学领域国家级研究创新平台"中国企业营运资金管理研究中心"成立。

2018 年，中国海洋大学生物创新园入驻青岛国家大学科技园高新区园区。

2021 年 10 月，生命科学与技术教学科研基地奠基。

学校重大基础设施和关键平台载体建设成效显著。图为占地近 6000 平方米的海岸及近海工程实验室大厅。

海洋化学理论与工程技术教育部重点实验室建设的 C-14 加速器质谱中心。

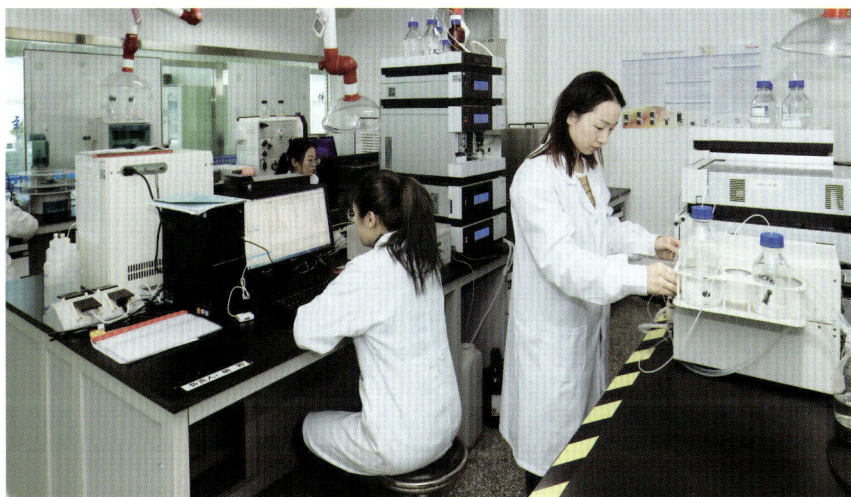

青岛海洋生物医药研究院成立于 2014 年 7 月，是按现代企业制度管理运行的海洋药物协同创新平台。图为研究院科研人员在开展研究。

2019 年，海洋高等研究院大数据中心实现总计算能力 620TFlops，成为海洋大数据处理、高性能仿真、超大规模海洋信息的存储、共享与应用平台。图为中心机房。

建造"东方红 3"船

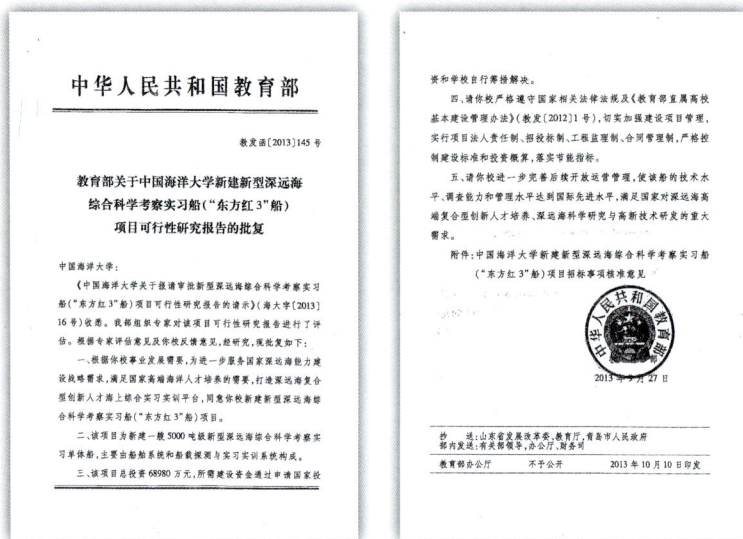

2013 年 10 月，教育部批复同意学校新建新型深远海综合科学考察实习船"东方红 3"船项目。

2015 年 11 月，"东方红 3"船船舶建造合同签约。

2017 年 6 月 26 日，校长于志刚为"东方红 3"船船台搭载连续生产点火。

校长于志刚与驻厂工作组合影。

2018 年 1 月 16 日，"东方红 3"船下水。

2019 年 5 月 10 日，"东方红 3"船交船。

2019 年 5 月 30 日，党委书记田辉在科考试航启航前看望慰问船员。

2019 年 10 月 25 日，校长于志刚在"东方红 3"船入列仪式上向船长蒋六甲授旗。

强化国际国内合作

2003年10月，校长管华诗与来校访问的德国国务秘书杜登豪森交流。

2004 年 4 月，校长吴德星与德国教育代表团签署《关于联合成立"中德海洋高层次人才培养和科学研究中心"的备忘录》。

2006 年 4 月，校长吴德星与美国得克萨斯A&M 大学签署合作备忘录。

2010 年 11 月，校长吴德星在中澳海岸带管理（联合）研究中心成立仪式上与澳方代表合影。该中心是学校文科领域第一个国际联合研究机构。

2011 年 2 月，中德海洋科学中心揭牌。

2010年9月，中国工程院院士麦康森与参加第六届世界华人鱼虾营养学术研讨会的国外专家交流。

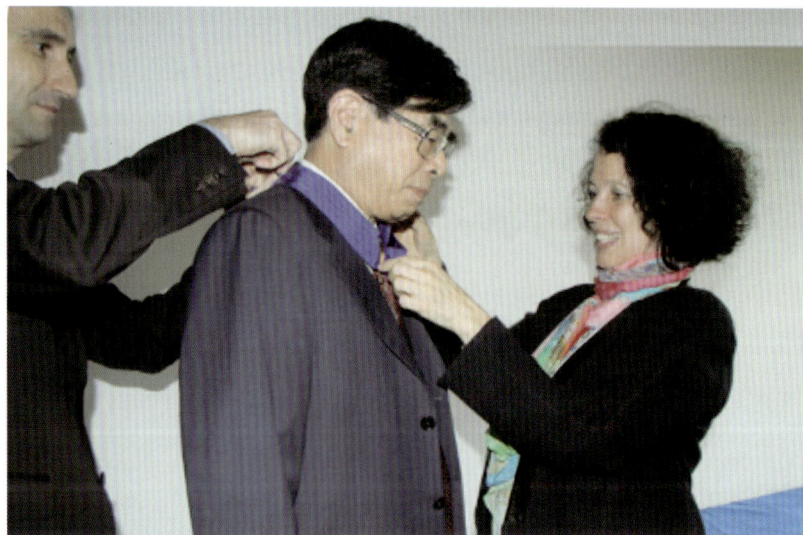

2014年6月，法国驻华大使为外国语学院李志清佩戴代表法国文化教育领域最高荣誉的金棕榈统帅勋章。

2014 年 10 月 25 日，国内外海洋高等教育和科研机构专家学者齐聚青岛，探讨海洋科学与技术可持续发展之路。图为校长于志刚与外方科教机构负责人共同发布《未来海洋青岛共识》。

2015 年 7 月，校长于志刚访问巴哈马，与巴哈马总理佩里·克里斯蒂（前中）会谈，推动落实与巴哈马农业与海洋学院合作协议。

国际涉海大学联盟由来自9个国家的大学或研究机构组成，秘书处设在中国海洋大学。图为2016年联盟年会合影。

2016年4月，校长于志刚与东英吉利大学校长David Richardson签署合作备忘录。

2017年4月，学校与"东盟水产教育网络"高校签署合作协议。

2017年11月，学校和泰国农业大学共建的"中泰海洋和水产中心"揭牌。

2017年1月，学校与韩国国立釜庆大学签署战略合作备忘录。

2018年4月，学校与澳门科技大学共建的澳门海洋发展研究中心揭牌。

2016 年 9 月，学校"津巴布韦来华留学生委托培养项目"启动。

2018 年 7 月，学校与挪威卑尔根大学签署协议，共建方宗熙 – 萨斯海洋分子生物学中心。

OUC-UCLA 教师教学发展研习营成员考察加利福尼亚大学洛杉矶分校实验室。

2019 年 4 月，学校与乌拉圭共和国大学签署谅解备忘录。

2019 年 10 月，学校与马来西亚登嘉楼大学签约共建海洋联合研究中心。

2021 年 10 月，中国—挪威海洋大学联盟成立。联盟是继国际涉海大学联盟之后，第二个由中国海洋大学发起设立的国际合作平台。

2023 年 10 月，由学校海洋碳中和中心主办的 2023 太平洋岛国应对气候变化国际学术论坛召开。

育人铸魂 文化强校

2003年9月，学校确定"海纳百川，取则行远"为新校训。图为王蒙题写校训。

崂山校区校训石揭幕。

2004年3月，学校形象识别系统发布，图为学校标志徽。

校报校刊是学校校园文化建设的重要平台。图为80周年校庆期间《中国海洋大学报》推出的校庆专版。

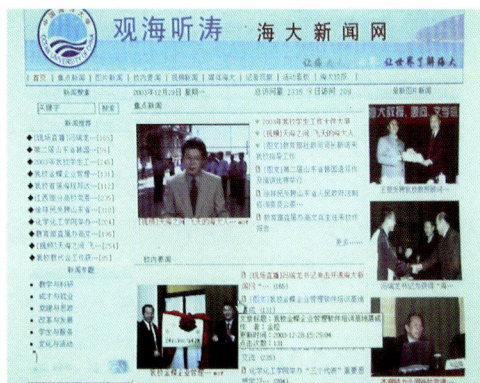

"观海听涛"新闻网集新闻宣传、信息交互等功能为一体，是校园文化建设的重要平台。图为2003年网站开通时的页面。

2008 年 7 月，北京奥运火炬在青岛传递。
图为火炬手李华军(右)和谭骏在火炬传递中。

2010 年 12 月，新年音乐会演出现场。

2011 年 9 月，中央芭蕾舞团走进学校表演
经典芭蕾舞剧《天鹅湖》。

少数民族学生在新疆民族文化展上表演舞蹈。

"科学·人文·未来"论坛创办于2004年，至2019年已成功举办四届，成为学校的品牌活动。图为2011年第二届论坛盛况。

2013年12月，王蒙（右四）、李肇星（左四）在第十届诗歌美文朗诵大赛上与同学们一起朗诵诗歌。

海鸥剧社话剧《山海情》剧照。

2014年10月25日，庆祝中国海洋大学建校90周年文艺晚会成功举办，近600名师生和校友参加演出。

2017 年 4 月，学校男子篮球队队员在第十九届 CUBA 东北赛区比赛中。

2018 年 5 月，学生在研究生体育文化节上进行拓展活动。

2019 年 4 月，参加"爱如海大"集体婚礼的校友携手走过樱花大道。

参加 2023 年集体婚礼的校友领取纪念婚书。

2020 年初 COVID-19 疫情暴发后，全校师生同心抗疫，确保校园秩序安全稳定和师生身心健康。图为党委书记田辉看望慰问学生。

"新青年 耀青春"——纪念五四运动 100 周年青年文化万里巡展活动现场。

团委荣获"全国五四红旗团委"荣誉称号。

"海大文化小客厅"是 2016 年推出的访谈类校园文化节目。图为"校训的故事"录制现场。

学生在"东方红 3"船上举行升国旗仪式。

2021 年 6 月 17 日，学校举办庆祝建党 100 周年文艺晚会，以校史上的红色基因为主线，党史、校史有机结合，展示中国海大人爱党、爱国、爱校情怀。

2021 年 10 月，学校党政领导观看"耕海踏浪谱华章——中国科学院院士文圣常成就展"。

设立于鱼山校区的我国著名戏剧家、教育家赵太侔塑像。

2020 年，学校获评全国文明校园。图为鱼山校区美丽风光。

加强综合保障体系

2004 年，建校 80 周年前夕，通过实施校园环境整治和提升工程，校园面貌焕然一新。图为整修一新的鱼山校区大学路操场。

2003年，学校与青岛市教育局共建青岛第39中学。

2006年投入使用的青岛国家大学科技园大楼

鱼山校区基础实验教学中心和敏行馆

网络与信息中心是中国教育和科研计算机网华东北地区 CERNET 和 CNGI-CERNET2 青岛核心节点。图为网络与信息中心主机房。

学校出版社以海洋与水产科学学术专著与教材出版为特色，成立 30 多年来共计出版各类图书 6000 余种。图为 2019 年，中国出版协会常务副理事长邬书林（前右二）参观出版社成立 30 周年图书展。

图书馆连续获评"CALIS 联合目录馆藏数据建设先进单位"。图为工作人员在进行图书编目。

学校整合鱼山校区办学资源，新建建筑面积 48000 余平方米的生命科技中心项目。图为生命科技中心封顶。

2021 年 12 月，浮山校区人才公寓封顶。

2023年9月，学校与崂山区人民政府共建的中国海洋大学附属实验学校投入使用。

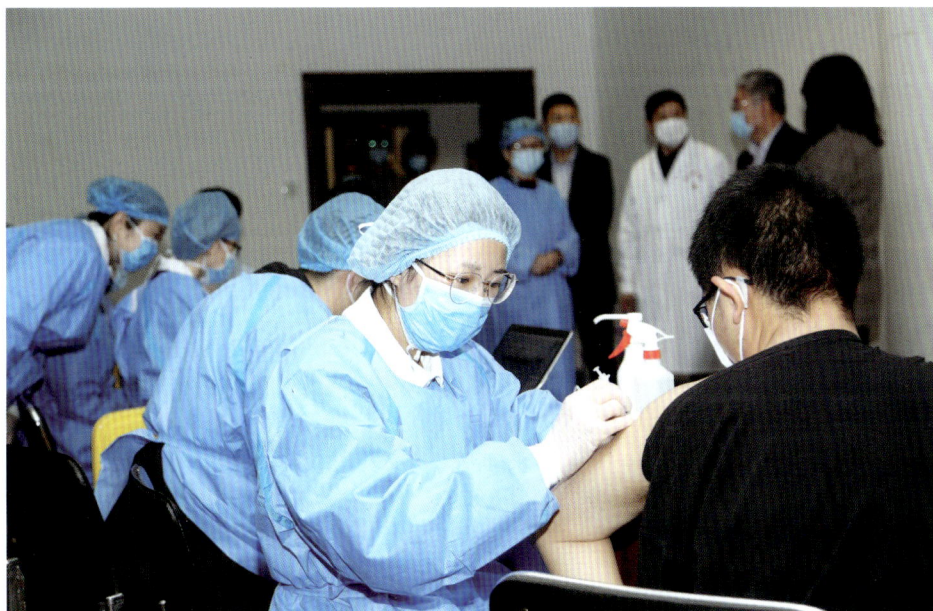

COVID-19疫情暴发后，医护人员为师生接种疫苗。

建成崂山校区

2002 年 6 月，学校与崂山区人民政府签署建设海大新校区协议。

崂山新校区原始地貌

2004 年 10 月，崂山校区奠基。

2005 年 8 月，教育部部长周济（前左三）考察崂山校区建设。

学校党政领导考察崂山校区建设。

崂山校区投入使用后，鱼山校区保留水产学院、海洋生命学院、医药学院、食品科学与工程学院和艺术系，其他院系整建制搬迁到崂山校区。图为海洋环境学院完成搬迁后，全体教师在海洋馆前合影。

2006 年 9 月 17 日，崂山校区启用。

2007年5月，崂山校区图书馆开馆。

2008年3月，行远楼启用，校部机关从鱼山校区整体搬迁进驻。

2008 年 3 月建设中的综合体育馆

2012 年 11 月建设中的文科院系区二期工程

2009 年 3 月施工中的海洋工程实验室

2022 年 8 月投入使用的中海苑学生宿舍

图书馆

南门与行远楼、行知楼

综合教学楼

晨辉中的崂山校区

西海岸校区启用 拓展新发展战略空间

2016 年 11 月 1 日，学校与青岛市人民政府签署共建海洋科教创新园区协议。

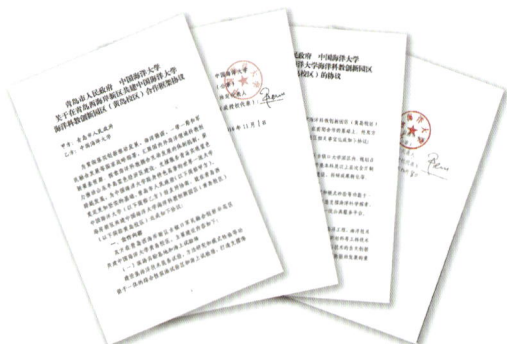

共建协议

2018 年 7 月，教育部批复同意学校建设海洋科教创新园区。

2017 年 6 月，海洋科教创新园区总体规划设计工作启动。

2017 年 11 月，专家组对海洋科教创新园区总体规划及一期建筑概念性设计方案进行评审。

2017 年 12 月，山东省委常委、常务副省长李群（右三）查看校区规划设计方案。

海洋科教创新园区建设用地

2019 年 9 月 16 日，西海岸校区奠基。

2020 年 1 月建设中的电子信息楼

2020 年 4 月，电子信息楼封顶。

2020 年 4 月，党委书记田辉调研西海岸校区建设。

2020 年 8 月，校长于志刚调研西海岸校区建设。

西海岸校区建设指挥部工作人员巡查施工现场。

2021 年 10 月，西海岸校区教师工寓（一期）施工现场。

西海岸校区学生宿舍（一期）总建筑面积约 11 万平方米。图为 2021 年 12 月，东区学生宿舍封顶。

2021 年 10 月，建设中的学习综合体。

2022 年 6 月，学校领导考察西海岸校区建设及搬迁准备工作。

2022 年 8 月，西海岸校区信息楼、工程楼、材料楼、食工楼启用。

2022 年 8 月底，西海岸校区搬迁工作启动，7000 余名师生进驻新校园。图为师生在搬迁路上。

2022 年 9 月，西海岸校区迎来第一批 2022 级研究生新生。图为新生在志愿者引导下办理入学手续。

党委书记田辉检查西海岸校区迎新工作。

校长于志刚检查西海岸校区管理运行。

西海岸校区建设以功能集约化、智能化、现代化为基本原则，实现校区运行管理"一站式"服务。图为综合管理服务大厅。

2022年9月3日，西海岸校区图书馆启用。图书馆建筑面积6万多平方米，规划总藏书量400万册，阅览座位5000余个。

2023 年 6 月西海岸校区（一期）全貌

崂山校区全貌

浮山校区全貌

鱼山校区全貌

后　记

在学校党政领导和各单位的大力支持下，校史各卷主创团队历经六个寒暑，数易其稿，反复审修，精心打磨，《中国海洋大学史》六卷在百年校庆到来之际面世了。这是中国海洋大学第一次官方修史，是编著者竭尽所能，敬呈于国家、社会、校友和师生的一份答卷。期望它能对中国海大继往开来有所裨益。

修史编志重点在于掌握史料，对《中国海洋大学史·图志卷》主创团队而言，最大的难点也在于此。学校在百年的发展历程中，几经分合变迁，各时期人事流转，图片资料的生成与留存颇多波折，佚失者不在少数。民国时期的图片史料散藏于济南、北京、上海等地，收集难度较大。新中国成立后，尤其是改革开放以来，图片资料生成渐丰，积累愈厚，于今以至资料浩繁，平衡取舍亦成为问题。在史料征集过程中，离退休老领导、老教师、校友以及在职教职工，积极提供个人所藏影像资料，或者提供相关线索，给编撰工作以宝贵支持。曾左、曾晓起、祝陈坚等老师，在提供图片史料之外，还帮助查证史料，在此一并表达谢忱。

本卷所采用图片资料主要来自中国海洋大学档案馆馆藏和新闻中心所存，部分来自个人提供和网络，有的图片系作者在校任职时所拍摄，而有些图片作者无从查证。因为图片数量较大，情况各异，加之篇幅所限，未一一注明图片作者，敬请谅解。

由于编者水平所限，书中失当乃至错误之处在所难免，恳望读者、校友批评指正，方家不吝赐教，殊为欣幸。

本卷编写组

2024 年 6 月